維新と興亜

道義国家
日本を
再建する
言論誌

令和6年
6月号

【第24号】

崎門学研究会・
大アジア研究会
合同編集

題字
柳田泰山

維新と興亜

令和六年六月号

排日移民法100年 日米関係の真実

【巻頭言】「日米共通の価値観」の正体

これほどまでにアメリカ人を喜ばせなければいけないのか。

米議会上下両院合同会議での岸田総理の演説を聞いて、筆者は強い違和感を覚えた。演説はアメリカ人が好みそうなジョークから始まり、終始「自由と民主主義」の価値を称揚した。特集のインタビューで山中泉氏が指摘している通り、岸田演説の原稿はエマニュエル大使が書いたのではあるまいか。

では、日本がここまでアメリカとの価値観共有を強調する理由は何なのか。この言説が定着していった過程を探ることによって、その理由は明らかになりそうだ。

広島市立大学講師の長史隆氏が指摘するように、「日米が価値観を共有している」という言説は、三木武夫政権から始まった。三木総理が昭和五十（一九七五）年八月に訪米し、フォード大統領と会談した後の共同声明で、「日米両国民が民主主義の基本的価値観を分かちあい、……自由な国際社会を築くために引続きあいたずさえて努力することを確認」と謳った。

では、なぜこのタイミングで日米首脳はこのような共同声明を出したのだろうか。それは田中角栄政権が模索していた自主外交に対する警戒感が発端になっていた。昭和四十七（一九七二）年の日中国交正常化にキッシンジャーが激怒したことに示されるように、アメリカは田中政権の主体的外交を阻止しようとした。

昭和四十九（一九七四）年十月、『文藝春秋』（十一月号）が、立花隆氏の「田中角栄研究」を掲載し、田中金脈問題が火を噴いた。これが引き金となり、同年十二月九日、田中内閣は総辞職し、椎名裁定により三木内閣が発足する。

まさにこの過程で高まっていたのが、日本を西側陣営に強くつなぎとめなければいけないというアメリカの危機感である。田中金脈問題が噴出する直前の昭和四十九年八月二十六日、米国務省政策企画局長のウィンストン・ロードと国務次官補代理のアーサー・ハメルは、日本国内には、原材料供給国との提携や、アジアに力点を置いたアイデンティティの定義など、西側先進国間協調と背馳しかねない方向へ日本を押しやろうとする「諸圧力」が存在することへの憂慮を示した（長史隆「日米関係における価値観共有」）。

同年十月二十一日に国務次官補のハビブがまとめた覚書は、日本が「西側集合体」の一員なのか、それとも「たまたま工業化し資本主義的となったアジア国家」にすぎないのかと問い、「日本の基本的な政治的アイデンティティの焦点は未決着である」と論じた（同）。

こうした危機感によって考え出されたのが、日米が価値観を共有していることを強調する言説だったのではなかろうか。以来、我が国がアジアに背を向けるのと比例するかのように、日米の価値観共有が強調されていくようになる。その傾向はアメリカへの従属を深めた小泉政権時代に顕著に見られる。

小泉政権時代の平成十七（二〇〇五）年二月に開催された日米安全保障協議委員会は、世界における共通の戦略目標として「国際社会における基本的人権、民主主義、法の支配といった基本的な価値を推進する」ことを掲げたのだ。そして、平成十八（二〇〇六）年九月に第一次安倍政権が発足すると、「自由と繁栄の弧」に象徴されるような「価値観外交」が前面に押し出され、以降共通の価値観が常に繰り返されるようになる。

日米は本当に価値観を共有できるのか。大東亜戦争における思想戦において、我々の先人たちは欧米の価値観が絶対ではないことを主張すべく、叡智を結集したのではなかったのか。いま、東南アジア諸国はアジア共通の価値観を模索している。こうした中で、なぜ日米共通の価値観だけが強調されるのか。我々は、この言説が日本の主体的外交を阻止していることに気づくべきではないのか。

（坪内隆彦）

先日永田町の星稜会館において、「パンデミック条約反対─WTO総会前夜の闘い」と題する集会に参加した。この集会は、ITビジネスアナリストの深田萌絵氏と佐藤和夫氏が主催され、先般の衆院東京第15区の補選で健闘された須藤元気前参議院議員やジャーナリストの我那覇真子氏を始め、佐藤氏いわく「若手」の論客が登壇し、リレー形式で演説を行った。不肖私も登壇し所見を述べた。このパンデミック条約（WHO CA＋）は、世界保健規則（IHR）の改定と共に、先のコロナ禍の反省を受けて、新たな「パンデミック」に備えてWHOの権限を強化することを目的とし、本年5月の総会での妥結が目指されていた。この新条約締結や規則改訂によって「国家主権が移譲される」「ワクチン接種が強制化される」といった懸念が高まっており、4月に池袋で開かれた反対集会には2万人近くともいわれる多くの国民が集まった。

たしかにIHR改定案には、新設の第13条A「WHO主導の国際的な公衆衛生上の対応」として「第一項　締約国は国際的に懸念される公衆衛生上の緊急事態が発生している間はWHOを国際的な公衆衛生上の対応にまつわる指導、調整権者だと認識し、それぞれの国際的な公衆衛生上の対応についてWHOの勧告に従うことを約束する。」（22年改定案、参政党HP仮訳）とあり、これにもとづいて各締約国で国内法が制定されていくことになる。しかし一方で、パンデミック条約の第3条「一般原則とアプローチ」では「2．主権」として、「国家は国際連合憲章及び国際法の一般原則に従い自国の保健政策に従って立法し及び実施する主権的権利を有する。その際国家はWHO CA＋の目的及び目標を支持しWHO CA＋の下での義務を国家の主権平等及び領土保全の原則並びに他国の内政への不干渉の原則に合致した方法で遂行しなければならない」（同仮訳）と明記されており、新条約や改定規則のもとで実際にどのような保健政策を実施するか

千葉県議会議員　折本龍則

は、あくまで各国の主権に委ねられていることに変わりはない。それに、たとえ締約国が条約や規則に違反したとしても、現在の国際システムでは主権国家を超える上位権力は存在しないのであって、WHOに強制力はない。

しかし問題なのは、我が国に真の意味での「主権」がないことだ。それは国家主権の要因である対外的な「独立性」と対内的な「最高性」の何れにおいてもそうだ。周知のように、我が国は来年で戦後80年を迎えようとしている今日においても、いまだに米軍による「駐留」という名の「占領」状態が継続しており独立国とはいえない状況にある。また対内的にも、政府が米国やグローバル資本に従属し、国権の最高機関である国会や既成政党が国民世論を代表していない状況にある。このため、本来であるならば、グローバリズムから国民を守るべき政府に免疫がなく、製薬会社などのグローバル資本や国連、WHOといった国家を超えた勢力と政府がむしろ結託して国民の自由な言論を弾圧し、国民世論を操作し、国民の生命健康を犠牲に差しだすような事態になっているのである。

つまり、パンデミック条約の危険性は我が国の主権の喪失に起因する問題であって、我が国の主権の喪失の根本原因は戦後の対米従属にあるという問題の本質を認識せねばならない。したがって、我々がグローバリズムから脱却するためには米国から独立せねばならないのであって、だからこそ私は、昨年の7月4日の米国独立記念日に米国大使館に赴き、先のLGBT理解増進法で我が国に内政干渉を働いた植民地総督のごときラーム・エマニュエル米国大使に対して、「我が国にも主権と独立を与えよ」と要求したのである。

と、このように壇上で演説したら、フロリダから来日し登壇されたジャーナリストのマイケル・ヨン氏（元米軍情報将校）が、「敵は米国ではない。米国もまた国家を超えたグローバル勢力の犠牲者である」といった話をされた。たしかにその通りであるが、米国がグローバリズムに蹂躙されているのも国家主権の喪失によるのである。日米が互いに主権と文化を尊重し合い、支配と従属ではなく独立と連帯による真に対等な関係を築き上げたとき、パンデミック条約が孕むグローバリズムの問題は克服されるのである。

本誌副編集長　小野耕資

　本年四月、イスラエルがシリアにあるイラン総領事館別館を空爆した。それに対応する形で、イランはイスラエルへのミサイル攻撃を行った。イスラエルは「イランの攻撃はレッドラインを越えた」として「報復する権利」があると主張した。イランは「自衛権の行使」だと述べ、イスラエルを支持するＧ７を牽制した。Ｇ７はイランへの制裁を検討している。

　軍事施設を標的としたイランの攻撃に対し即座に制裁を課そうとし、イスラエルの横暴は黙認する姿勢はまったくおかしなものであり、むしろパレスチナで日常的に侵略虐殺行為をしているイスラエルにこそ制裁が科されるべきだ。ひとまずイランとイスラエルの対立は小康状態を迎えているようだが、そもそもあの地にイスラエルという国があること自体が間違っている。第一次世界大戦で戦費が足りなくなり、ユダヤ人大富豪に支持してもらおうというイギリスのご都合主義のために建国が約束されたのがイスラエルであり、その約束の実現に向けて建国を支持してきたのはアメリカだ。イスラエルは当初からシオニズム運動という歪んだイデオロギーにより建国された国家で、現在のネタニヤフ政権はリクードというシオニズム政党によって構成されている。必ずしもすべてのユダヤ人がこのシオニズムを支持しているとは限らない事には注意する必要がある。同様に、イラン国民の中にも戦争を懸念しこれ以上の関係悪化を望まない声もある。しかしそうしたことを踏まえても、中東情勢を悪化させた原因はイスラエルのパレスチナへの継続的迫害にあり、それを抜きにしたイランへの批判は的外れだ。

　アメリカでは学生を中心にパレスチナを支援するデモが行われたが、警察が強制排除に動き、千五百人以上の逮捕者を出した。企業や大学はイスラエル関係の投資を受けているところも多く、そうした「大人の事情」によりイスラエル寄りの対応を望む声もある。

　我が国においては、上川外相がＧ７の会合で「中東情勢を一層悪化させる」としてイランを非難している。岸田首相も同様の対応をしている。岸田、上川という対米従属コンビは、アメリカの心証ばかりを意識して、まるで国際正義に関心がない。先日岸田首相は訪米し、バイデン大統領相手にはしゃいで見せたが、そこには独立国としての矜持を垣間見ることはできなかった。

日本はイランとは伝統的な友好関係を築いてきた。戦前からイラン国王家と友好関係を築き、その結果イランは大東亜戦争においても連合国側に与せず中立の姿勢を表明した。戦後、イギリスがイランの石油独占をはかり、それに反発し国有化したイラン政府に対し経済制裁を課そうとしたが、日本はそのイギリスの経済制裁には乗らず、出光佐三が日章丸を派遣。日本はイランと石油取引を続けた。イラン革命によりイランが反米の姿勢をあらわにした後も、日本はアメリカの顔色を窺いつつも独自の関係を維持した。トランプ大統領によるイラン経済制裁に対しても同調せず、安倍首相（当時）を中心にイランとアメリカの対話の橋渡し役を務めたのである。今回のイランとイスラエルの抗争に対しても、日本は独自路線を取る選択肢もあったはずである。ところが骨の髄まで対米従属的な岸田・上川には、アメリカに逆らってイランと独自の関係を築く考えはないようだ。

四月三日、下村博文氏が以下の発言をしたという。

「自民党は結党七十年近くなるわけですけども、本来の保守政党としての政策をやってこなかった。憲法改正もしてないし、日米安保条約についても、集団的自衛権を含めた日米地位協定もそうです。これだけ米軍基地が日本にあってですね、アメリカの大統領が日本に来る時、成田や羽田を経由しないんですよ。横田基地から来て、正式な通関なしで入国できるっていうのはですね、まさに日本が独立国家じゃない証でもあるわけですね。（中略）これが当たり前にできてしまっていることが、自民党が本来の保守政党ではないということでもある」。

この下村発言は裏金問題で失脚したやけっぱちによるものとも言えるが、本質をついている。対米従属を克服しようとしない自民党は保守政党ではない。仮にイランが反日的発言をしたとしたら、それは対米従属をやめない日本への憤りとみるべきなのだ。

米軍岩国基地から日本に入国するバイデン大統領

排日移民法百年
日米関係の真実

本誌は一貫してアメリカからの自立を訴えてきた。しかし、日米地位協定の改定は一歩も進まず、日米合同委員会という超法規的な権力が日本の方針を決め続けている。この支配構造が固定する中で、バイデン政権で我が国はますますアメリカへの従属を深めつつある。その流れを誘導しているのが、日本を都合よく利用することに長けたジャパン・ハンドラーズたちだ。

山中泉氏は、トランプ政権から一掃されたジャパン・ハンドラーズたちが、バイデン政権で再び政権の中枢に戻ってきたと指摘して

いる。
アメリカが日本の自立を許さない理由の一つは、日本を二度とアメリカの脅威となる存在にしないという初期対日占領政策が今も生きているからだ。そうした方針は、我が国が欧米主導の秩序を大きく揺さぶった歴史からもたらされている。
では、日米戦争は不可避だったのか。ペリー来航以来の日米関係を振り返るとき、協調と対立が複雑に交差してきたことが見えてくる。
日米の協調と対立は何によってもたらされたのか。国民感情のレベルでは、一九二四年に施行された排日移民法は重大な影響を及ぼし、日米関係を悪化させた。簑原俊洋氏が指摘するように、排日移民法は日米の戦争勃発への多面的・重層的メカニズムの一部分をなしたのである。それから百年が経った今、我々は改めて人種ファクターも含めて、日米関係の歴史を振りかえる必要があるのではないか。

排日移民法はなぜ成立したのか

インド太平洋問題研究所理事長
神戸大学大学院法学研究科教授
簑原俊洋

国際協調派外交官・内田康哉が受けた衝撃

――一九二四年の排日移民法成立は、日米関係に重大な影響を与えました。

簑原　排日移民法は、戦前の日米関係において治癒されない傷として残ったと思います。しかも、関東大震災直後の出来事ですから、日本にとっての痛みはより強く感じられたと思います。もちろん、同法が日米開戦に直結したわけではありませんが、戦争勃発への多面的・重層的メカニズムの一部をなしたと言えます。

『昭和天皇独白録』の中で、昭和天皇も「黄白の差別感は依然残存し加州移民拒否の如きは日本国民を憤慨させるに充分なもの」であったと述べ、それが太平洋戦争の遠因であったという見解を示しています。その他にも、『国民新聞』の徳富蘇峰は、排日移民法が施行される七月一日を「国辱の日」と命名し、「日本国民は、米国人に雪辱するための『臥薪嘗胆』する好機とすべき」と論じました。

さらに、外務省の雰囲気も一夜にして変わりました。内田康哉は、一九二〇年代の国際協調主義を代表する人物の一人でしたが、四回目の「国辱の日」に当たる一九二八年七月一日、自ら米国大使館に赴き、ネヴィル臨時代理大使との面会を申し出ています。大使の書斎へ通された内田は顔を真っ赤にし、握りかざした拳でいきなり大使の机上をドンドンと叩き、込み上げてくる怒りで言葉を震わせながら、吐き捨てるように言い放ったとネヴィルは伝えていますが、外交儀礼上、こうした態度は極めて稀に見るものです。

「あなたの国の人々は、あなた方が我々にあたえた打撃から、私たちが決して立ち直ることはできないということに気がつかなければならない。そして、この過ちを正さないかぎり、我々の関係は、その本来あるべき姿に戻ることは断じてあり得ない」

このように内田は、排日移民法の成立に強烈な衝撃を受け、アメリカに幻滅したのです。そして彼は、一九三三年に外相に就任すると、満州事変の成果は、国を焦土としてもこれを守らなければならないと訴えた「焦土演説」を行い、日本の国際連盟脱退を主導する勢力を支持する立場に回りました。

内田康哉

一方、吉野作造、新渡戸稲造らの国際協調派のリベラリストたちもまた、移民法成立によってアメリカが標榜するウィルソン主義に幻滅した結果、アメリカのモラル・リーダーシップは失墜したのです。

共和党の分裂を恐れたクーリッジ大統領

――ヒューズ国務長官などクーリッジ政権には法案に反対する閣僚もいました。なぜ、クーリッジ政権は法案成立を阻止できなかったのでしょうか。

簑原　まず、当時のクーリッジ大統領が置かれていた立場を考える必要があります。副大統領を務めていたカルビン・クーリッジ氏は、前年の一九二三年八月にウォーレン・ハーディング大統領が心臓発作で突然死したことで大統領に就任しました。このため、閣僚たちに対する影響力も限定的で、かつ強権的な前ウッドロー・ウィルソン政権に反発して立法府が影響力の誇示に躍起になっていた時なので、低姿勢で臨む必要がありました。

さらに、この時ハーディング政権時での汚職の実体が徐々に明るみに出ました。チャールズ・フォーブズ事件、ジェシー・スミス事件、ティーポット・ドーム油田疑獄といった汚職事件が次々に発覚したのです。その結果、クーリッジ大統領は強い指導力を発揮しにくい状況にあったため、彼は大統領選挙では勝利して、自らの地位への正当性を確立させることを何よりも重視していました。一九二四年は選挙の年ですから、必然的に外交問題より内政が優先されます。

今年の米大統領選挙においても、日本製鉄による米鉄鋼大手USスチールの買収が選挙の影響を受けています。労働者の支援が必要なため、日本が同盟国であることは棚に上げられて、ジョー・バイデン大統領は買収に反対しています。国益の観点から極めて合理的であるはずの判断が、選挙の年には全く通用しなくなるのです。

同様に、クーリッジ大統領は何としてでも選挙の年において排日移民法をめぐる共和党の分裂を阻止しなければなりませんでした。西部諸州を中心に勢力を持つ革新派の共和党議員は、党に対する忠誠心がそもそも低い上、彼らは民主党と一致団結して日本人移民の排斥を訴えていました。ましてや、共和党は当時、革新派のロバート・ラフォレット議員の離党などで既に苦境に立たされ、かつ、革新派のハイラム・ジョンソン議員も有力な対立候補として選挙戦に臨んでいました。つまり、選挙で勝利するためには、クーリッジ大統領は排日を唱える西部諸州の共和党の要求に応じるほかなかったのです。

そもそも、一九一二年の大統領選挙では共和党が保守と革新に分裂したことで、民主党のウィルソン政権が誕生しています。この記憶が未だに鮮明に残っていたため、クーリッジとしては日米関係を犠牲にするのはやむを得ないと考えたのでしょう。政権の維持が何よりも重要であったことを踏まえれば、理に適った決断です。

上院での移民法通過の真相

——当初、外交関係を重んじる上院では排日移民法が通過する見込みはありませんでした。ところが、最終的に圧倒的多数で法案は通過しました。いったい何があったのですか。

簑原　先行研究のほとんどは、南部出身議員が挙って排日移民法に賛成したという投票結果だけに注目し、そもそも根強い黒人差別を有する南部出身議員たちだからこそ、従来の有色人種に対する差別意識に基づき、当初から排日条項には賛成であったと説明されてきました。

しかし、南部諸州の議員は法案が審議された初期の段階では排日条項の挿入に必ずしも賛成ではなかったのです。最後になって彼らは挙って賛成に転じたのですが、その理由は政治取引があったからです。

カリフォルニア州選出のショートリッジ上院議員は排日移民法を猛烈に推進していましたが、一方で彼は黒人へのリンチを非合法化する反リンチ法案の成立にも尽力していました。当然、南部出身の上院議員たちは反リンチ法に猛反対ですので、ショートリッジが押し進める排日移民法には敢えて反対したのです。そのため、上院では一九二四年四月十三日までは排日移民法が通過する見込みは全くありませんでした。

クーリッジ大統領

ところが、突如として南部諸州の議員たちは排日移民法賛成に回ったのです。いったい何が起きたのか。私は、民主党のジェームズ・フィーラン元上院議員の個人文書の中から、ショートリッジらと南部出身議員の間で取引が行われたことを示す文書を発見しました。

文書には、「ショートリッジ議員は、南部諸州の議員に反リンチ法案を二度と議会において提出しないと約束した」と明記されていたのです。この時、ショートリッジ議員と共和党の南部諸州議員との間を調整したのが上述のジョソソン議員でした。ショートリッシ議員の上院での法案撤回と引き替えに、日本人移民の排斥に対して南部諸州議員の協力を取り付けることに成功し、この瞬間、排日移民法の成立は決定的なものになりました。というのも、下院ではさして議論されることもなく、すでに排日条項を加えて移民法案は可決されていましたので。

——簑原さんは『排日移民法と日米関係』（岩波書店）

などの著作で、埴原正直駐米大使が書いた書簡が、排日移民法通過を決定的にしたという通説を見事に覆しました。

簑原　埴原大使は排日移民法成立を阻止するために、一九二四年四月にヒューズ国務長官に宛てて書簡を書きました。この書簡には、「重大なる結果」(grave consequences)という表現が使われていましたが、連邦議員の中でこの表現を特に気に留めた人はいませんでした。ところが、ロッジ外交委員長が「重大なる結果」という言葉に注目し、それは日本のアメリカに対する「覆面の威嚇」を意味すると主張したのです。しかし、全体の文脈を見れば、こうした解釈は困難です。

埴原正直駐米大使

では、なぜロッジ委員長はそのような強引な解釈を声高に主張し始めたのか。その謎を解くカギこそが、先程説明した取引だったのです。

それまで排日移民法に反対していた南部出身の議員たちが突然賛成に転じたことで、西部諸州の共和党議員との票と合わせて同法の成立は不可避になりました。となれば、すでに決着が着いたこの問題をめぐって共和党が割れるのは賢明ではありません。そこで、今まで同法案に反対していた保守系を中心とした共和党議員が自らの立場の変節を正当化する理由として、ロッジ委員長は「重大なる結果」という字句の言葉尻を捉えて、「覆面の威嚇」という詭弁を弄したのです。そして、この議論に説得されたという大芝居を打って、それまで反対してきた共和党議員のほとんどが賛成票を投じたのです。

弱まるアメリカの復元力

――今後も人種的な要因が日米関係を悪化させる可能性はあるのでしょうか。

簑原　その可能性は否定できません。コロナ禍の際にも、それが「武漢発」とされたことから、中国系に対する差別意識が一時的に高まりました。中国系だけではなく、日本人も含めたアジア人に対する感情も悪化して暴力の標的にされました。

遡れば、日米貿易摩擦が激しくなった一九八〇年代には、アメリカで日本車を破壊する抗議デモが行われるなど、日本への悪感情が強まりました。その時にも、日本人と間違われて中国系の人が殺される事件が発生しています。

―― 現在のアメリカについてはどう見ていますか。

篠原　私はアメリカが優れていたところは、紆余曲折を経ながら最終的に前進し、変化できることにあると考えています。アメリカの本質を捉えたフランスの政治思想家アレクシ・ド・トクヴィルは『アメリカのデモクラシー』において次のように指摘していました。

「米国が偉大である理由は、他国より啓蒙されているからではなく、むしろ他国より欠点を修復できるからだ」「米国が偉大なのは、良心と道徳的な公正さを有するからだ」

ただ、現在のアメリカは過ちを修正する力は弱くなりつつあり、かつ良心と道徳的な公正さも減衰しているように思います。加えて、最近のアメリカでは変化を忌避する人が増えているように感じます。「アメリカは白人クリスチャン中心の国家であるべきだ」と頑なに信じているトランプ派の存在がその証左です。こうした非寛容なアメリカと日本は今後どう付き合っていくのかを今から考えることが重要です。

国柄を破壊するグローバリスト

一般社団法人ＩＦＡ代表理事　山中　泉

頭山満翁の考え方に影響を受けた祖父山中利一

――山中さんは若くして渡米しましたが、お祖父さまも同じように若くしてアメリカに渡ったのですね。

山中　私の祖父山中利一は、青森県津軽にある嘉瀬村（現五所川原市）出身で、早稲田大学に入るために上京しました。五尺八寸（百七十五センチ）と当時としては体も大きく、早稲田ではラグビー部と相撲部の主将、さらに体育会の会長も務めていたそうです。

早稲田在学中に玄洋社の頭山満翁の書生となり、アジア主義に目覚めました。当時、アジア、アフリカでは欧米による植民地化が進んでいました。祖父は、「日本がアジア主義を主導してアジアの各国を独立・団結させなければならない」という頭山翁の考え方に影響を受けていたのです。また、頭山翁の信頼を得て、北一輝や大川周明たちにも師事し、三月事件などに積極的に関与していきました。

祖父は早稲田在学中に、西海岸に住む日本人や日系人たちを浪曲で慰問することを発案し、当時まだ若手だった浪曲師の寿々木米若とともに、貨物船に乗ってアメリカに渡ったのです。その後、祖父は国際交流にも取り組みました。

各国の歴史や文化を奪うグローバリスト

――山中さんは、『「アメリカ」の終わり』（方丈社）、『アメリカの崩壊』（同）などの著作で、日本のメディアが報じない本当のアメリカの姿を伝えてきました。

アメリカにおけるグローバリストの影響力拡大をどう見ていますか。

山中　グローバリストは、アメリカの民主党だけではなく、共和党に対しても長年資金を提供し、影響力を拡大してきました。表に出てくるのは、ウォール街の巨大投資銀行、シリコンバレーのビッグテック企業、巨大製薬産業、軍需産業、大手組合、大手メディアなどです。

グローバリストたちは、国家の枠をなくし、ごく一部の少数者が世界を一元的に管理・統制することを理想としています。この勢力は各国に静かに浸透しながら、各国の持つ主権を侵害し、それぞれの国・地域が持つ歴史や文化を否定し、さらには言語までも奪い始めています。我々反グローバリストは、国や民族ごとの歴史、伝統的な文化や価値観を尊重し、相互に調整しながら生きていくべきだと考えています。

グローバリストたちは国際連合、EU、世界保健機関（WHO）などの超国家機関を使い、彼らが求める政策を各国政府に強要しようとしています。例えば、CO2削減のため脱炭素化の美名のもとに太陽光パネルや巨大風車のような環境破壊の再エネ政策を展開しています。さらに、新型コロナウイルスのワクチン接種に代表される医療政策への強烈な干渉を進めています。グローバリストたちは五月末から開かれるWHO総会でパンデミック条約の採択を目指しています。現在、これに反対する運動が展開されており、四月十三日に池袋で開催された「パンデミック条約反対決起集会」には二万人近い人が参加しました。

さらに、エマニュエル駐日大使の露骨な干渉に象徴されるように、グローバリストたちはLGBTについても日本に圧力をかけ、昨年六月にはLGBT理解増進法が成立しています。LGBTは欧米の特殊な歴史に基づいた価値観です。ヨーロッパでは、中世に同性愛者が火炙りになったというような歴史もあります。ところが、日本にはそうした差別の歴史はありません。マツコ・デラックスさんのような人が差別を受けるようなこともなく、国民は自然に受け入れてきました。

――米民主党に対するチャイナマネーの影響力も指摘されるようになっています。

山中　民主党と中国の関係はルーズベルト時代から続

いてきましたが、中国の資金力が拡大する中で、現在対米工作が活発になっています。

例えば、作家のピーター・シュヴァイツァー氏は、Red-Handed（副題は「中国が勝つのを助けることでいかに米国のエリートたちが豊かになったか」）の中で、中国政府の情報機関である国家安全部、人民解放軍、そして中国共産党と深い人脈を持つ中国人ビジネスマンとバイデン大統領の次男ハンター・バイデン氏との関係にも迫っています。中国は、政治家、メディア、大学をはじめ各界のトップに巧みに食い込んでいます。

グローバリストと敵対するトランプ

―― トランプ氏はグローバリストと敵対しているのでしょうか。

山中　二〇一七年に誕生したトランプ政権はグローバリストと一線を画しました。トランプ大統領は、グローバリストが送り込んでくる閣僚たちの首を次々に切りました。例えば、国務長官にはロックフェラー系のエクソンモービルＣＥＯを務めたレックス・ティラーソン氏が就任しましたが、二〇一八年に突然解任されています。

トランプ氏は大統領選挙に出る前に司会を務めていた「アプレンティス」という番組で、「You're Fired！（君はクビだ！）」を決めぜりふとしていましたが、大統領としても閣僚たちの首を次々と切ってきたのです。

―― トランプ氏は、グローバリズムの進展によって没落した白人労働者層に訴えました。

山中　イリノイ、インディアナ、ミシガン、ウィスコンシン、オハイオ、ペンシルバニアなど中西部から東海岸に連なる州には、かつて工場が集中していましたが、ブッシュ政権の頃からウォール街が主導して、中国などに工場を移転するようになった結果、町が急速に寂れていきました。それが「ラストベルト（さびついた工業地帯）」です。

トランプ氏は、二〇一六年の大統領選でこうした地帯を頻繁に遊説し、「失われた雇用を取り戻す」と訴えたのです。トランプ氏を支えたブレーンの一人スティーブ・バノンがこの選挙を指南していました。もともとラストベルト地帯は民主党の岩盤支持基盤だったので、ヒラリー氏はトランプ氏の動きに対して完全に油断していたのです。その結果、トランプ氏はラストベルトで支持を拡大し、大統領選挙で勝利しました。

トランプ氏は、「地方の保守的なお金持ちの党」であった共和党を、黒人、スパニッシュ系、アジア系が中心となるミドルクラスとブルーカラーの党に作り替えたのです。また、福音派と呼ばれる非常に保守的なクリスチャンがトランプ氏の強力な支持基盤となっています。

―― トランプ氏はウォール街と対立しているのでしょうか。

山中 グローバリズムを推進するゴリゴリの国際金融資本とは厳しく対立しています。ただし、トランプ氏はニューヨークで不動産開発業をやってきましたから、ウォール街との人脈もありますし、ユダヤ系との繋がりもあります。娘のイバンカさんの夫ジャレッド・クシュナー氏はユダヤ人で、大手不動産開発会社クシュナー・カンパニーズの御曹司です。つまり、トランプ氏はユダヤ系とも、ある程度協力しつつも、チャイナマネーと深くかかわっているような国際金融資本とは敵対しているということです。

スイング・ステート（激戦州）での攻防

―― 大統領選挙についてどのように予想しています。

山中 トランプ氏が勝った方が世界にとっていいことは間違いありません。彼が勝利すれば、ロシア・ウクライナ戦争を直ちに終結させるでしょう。また、ハマスとイスラエルの紛争も終結に持っていくでしょう。新大統領が、アメリカは資金や兵器を支援しないと発言すれば、いずれの戦争も終結に向かいます。

私は、①何者かによるトランプ暗殺や暗殺未遂が起きる、②現在起きているトランプ氏に対する四件の起訴のどれかで有罪になる、③二〇二〇年に起きたのと同様のスイング・ステート（激戦州）六州での選挙不正が再度行われる――という三つの事態が回避できれば、トランプ氏が勝利すると思います。

いずれにせよ、注目しなければならないのが激戦州の動向です。投票結果を左右する都市には、ペンシルベニア州フィラデルフィア、ミシガン州デトロイト、ウィスコンシン州ミルウォーキー、アリゾナ州フェニックス、ジョージア州アトランタ、ユタ州のソルトレイクシティなどがあります。これらの都市は民主党との関係が非常に強く、例えばフィラデルフィア、デトロイトなどは昔から多くの工場があり、組合が絶大な力を保持してきました。これらの都市では民主党と組合のズブズブのつながりの中で、かなりの不正が行われていたと言われています。

しかし、現時点ではトランプ氏がスイング・ステートで優位に立っています。例えば、「ウォールストリート・ジャーナル」紙（四月二日）によると、ウィスコンシン州ではトランプ、バイデン両氏の支持率が互角だったものの、そのほか六州（アリゾナ、ジョージア、ミシガン、ノースカロライナ、ネバダ、ペンシルベニア）では、トランプ氏がバイデン氏を一～六ポイント上回っています。「ニューヨーク・タイムズ」紙（五月十四日）の調査でも、激戦州六州のうち五州でトランプ氏がバイデン氏の支持率を上回っています。

特に今回、親民主党支持者が多いアラブ系の住民が集中しているウィスコンシン、ミシガン、ミネソタの三州で民主党離れが起きています。これに民主党は危機感を高めており、「イスラエルの親友」とまで呼ばれてきた民主党のチャック・シューマー院内総務が三月十四日の演説で、ネタニヤフ首相は「道を失った」と断罪する事態にいたっています。

ただ、バイデン大統領が選挙戦を降りる可能性も囁かれています。オバマ氏の主席政治アドバイザーを務めたデイヴィッド・アクセルロッド氏もその可能性に言及しています。

バイデン氏に代わる候補者として名前が挙がっているのが、カリフォルニア州のギャビン・ニューサム知事です。さらに、副大統領候補としてミシェル・オバマ氏が出馬する可能性もゼロではないでしょう。人気、知名度とも彼女は群を抜いています。ミシェル氏は一回の講演で七十五万ドルというとてつもない金額を取れるスーパースターなのです。

オバマ夫妻は現在でもアメリカを代表するセレブで、高級邸宅が並ぶマサチューセッツ州マーサズ・ヴィンヤードの豪邸に住み、パーティーにはハリウッドの歌姫や有名スターたちが綺羅星のごとく参列すると言われています。

それほどのセレブですから、ミシェル氏本人はいまさらワシントンの政治の泥沼に戻る意思はないでしょう。しかし、民主党も絶対に負けるわけにはいきません。バイデン大統領では勝てないと判断すれば、ミシェル氏を引っ張り出そうとするかもしれません。

バイデン政権で復権したジャパン・ハンドラーズ

――バイデン政権で、日本の対米従属が強まっています。日本がアメリカから自立し、主体的な外交を展開するためには何が必要ですか。

カート・キャンベル国務副長官

山中　民主党政権が続けば、日本の自立は難しいでしょう。バイデン政権下で自衛隊はさらに米軍に強く組み込まれるようになっています。

バイデン政権は、日本を従属させ、日本を都合よく利用することしか考えていません。日本はカネを毟《むし》られ、古い兵器を売りつけられるばかりです。

四月に訪米した際に岸田総理が米議会で行ったスピーチは、アメリカ人が好むジョークから始まり、アメリカ人の歓心を買おうとする内容でしたが、その原稿はエマニュエル大使が書いたとも言われています。

日本を都合よく利用することに長けたジャパン・ハンドラーズたちは、トランプ政権から一掃されましたが、バイデン政権になると彼らは再び政権の中枢に戻ってきました。国務副長官のカート・キャンベル氏もその一人です。エマニュエル大使もこうしたジャパン・ハンドラーズたちと連携しているようです。このような民主党政権においては、岸田総理はアメリカの地方代官のように、彼らの命令に従うだけの存在として扱われています。

トランプ氏が大統領になれば、アメリカに依存せず、自分の力で自国の防衛をする方向に向かうことができるでしょう。日本が自立する好機になると思います。

対米自立を阻む「害」務省

一水会代表　木村三浩

対米従属の情けない状況

―― 今年は排日移民法から百年ですが、この百年の日米関係をどう評価されていますか。

木村　百年前に排日移民法が制定され、その前からの排日土地法等の一連の法律が制定されたことにより、東洋人に対する人種差別が露骨な時代が今以上にあり、黄禍論（イエロー・ペリル）の差別に一日本人が命を懸けて憤激した歴史があることは記憶に留めないといけません。そして頭山満翁や内田良平翁が「嗚呼無名烈士之墓」に碑文を寄せ、追悼会をやった歴史があります。アメリカでこうした法律が作られる背景には、やはり黄禍論的なものがあったと思います。その延長線上で日本が「東洋解放」という戦争に向かっていきました。東亜百年の戦いだったことを記憶に留めながら、それを教訓として活かしていかなければならないと思います。

　その点で考えると、現在の日米関係は対米従属が深まっている非常に情けない状況と言わざるを得ません。例えば、先日岸田首相が日米首脳会議に行きましたが、その内容を見ると、ますます米軍の指揮下に自衛隊が入っていくことが共同声明の中でも明らかですし、米議会で二十五分間も英語でスピーチしたこと自体は評価しますが、その内容がアメリカに媚びすぎています。「日本の国会では、これほどすてきな拍手を受けることはまずありません」なんて自虐的なジョークも不要でした。

　岸田総理がアメリカにいた頃は、ベトナム戦争があり、国内でも反戦の運動があちこちで起こっていました。当

時の岸田総理はまだ小さかったとはいえ、そういった空気はどこかで感じ取っていたはずです。パレスチナ問題で揺れる今のアメリカとも似通った状況ですし、ベトナム戦争はアメリカの衰退の初期段階にあるわけですが、それをまったく無視しているのも解せません。そのうえで「堅固な同盟と不朽の友好」とか「未来のためのグローバルパートナー」などと言っているわけです。このようにアメリカをとことん拝跪する政治をしているのが、いまの岸田政権だと思います。「から（唐）ごころ」ならぬ「あめ（米）ごころ」に囚われているのがいまの岸田政権です。

――日米関係はどうあるべきなのでしょうか。

木村　戦後八十年を来年迎える中で、まず普通の国に戻るということを考えた場合、アメリカ頼みに異常に偏った①軍事②外交③金融を中庸にする。米軍基地が存在するなら、日米地位協定の見直しもしなければいけません。日米関係でいえば、安保条約を破棄し米軍基地は全部撤退だと勇ましいことを言いたい気持ちですが、やはり現実的に考えると「駐留なき安保」というところからスタートする。これは、異民族による植民地的間接支配から脱却するうえで追求すべき政治課題なのではないかと思います。DIMEを自国で管理することですね。

「駐留なき安保」を目指した戦後史

――「駐留なき安保」を目指した時期はあったのでしょうか。

木村　かつての政治家には異民族による統治を厭い、対米自立を果たそうとする思いがありました。例えば中曽根康弘元首相は、『温故創新』という著の中で、末次一郎氏が亡くなった際に故人を偲ぶ文章で、沖縄返還に際し異民族支配に対抗し、そこから脱却することに貢献したと讃えています。中曽根氏自身毀誉褒貶のある政治家であり、私もすべてを評価しているわけではありませんが、そういう思いがあったということです。

戦後史において、「駐留なき安保」が可能であったかもしれない転換点は、三回ありました。

最初はサンフランシスコ講和条約の時。この時は冷戦下という状況ではありましたが、米軍の駐留はやめてくれということはできたのではないでしょうか。実際占領軍は連合国軍という建前だったので、イギリス軍は講和条約とともに日本から引き揚げています。

二つ目は、細川内閣の時です。アサヒビールの樋口廣太郎氏を座長とする「防衛問題懇談会」が設立され、防衛事務次官をのちに務めることになる秋山昌廣氏を中心に、冷戦も終わったから在日米軍は整理縮小しようとしましたが、多角的安全保障を目指した点をアメリカが危惧し、潰されてしまいました。

三つめは鳩山内閣の時期です。小泉内閣がイラク戦争を簡単に支持しましたが、その後大量破壊兵器がなかったことでイラク戦争で追従したことは間違いだったという風潮が起こりました。鳩山内閣ではイラク戦争をきちんと検証すべきと発言し、普天間基地移設問題でも「最低でも県外」という方針を明らかにしましたが、潰されました。

鳩山内閣ではイラク戦争検証の委員会を立ち上げたいと外務省に言ったのですが、外務省がたったA４四ページの報告書を出して「その当時は、間違っていません」と言ったといいます。

―― 日本側に、対米従属に甘んじてるところがあるような気がしていて、それが対米従属がいつまでも解消されない原因の一つのようにも思えます。

木村　そうですね。外務省の中でも岡崎久彦さんのように、戦前の日本は日英同盟が破綻したから誤った方向に進んでしまったのだ、日本はアングロサクソンとずっと一緒に行くべきだという考えがあるように感じます。

しかしそこには、アメリカに従属していくことの不利益を見ていません。吉田茂以来、重工業、軽武装ということでやってきましたが、その結果米軍基地が国内に置かれ続けることになりました。日本は国内一三〇か所に米軍基地が存在し、七二一二もの関連施設が米軍関連施設として接収されています。これはＮＡＴＯの各国やドイツ、韓国などよりも千か所も多いのです。こうした植民地状態を見過ごすわけにはいきません。また、アメリカが衰退し内向きになっていく中で、今のやり方が今後も通用するとは思えません。自民党や官僚などが進んでアメリカに従属している今の構造をぶち破らなくては日本の未来はありません。

――対米自立の問題に触れると、すぐに「中国の脅威」を口にする人がいます。

木村　これまで数多くのアメリカ軍関係者やＣＩＡ関係者が、「中国は二〇二七年までに台湾を武力攻撃する」という話をしています。そのうえでクワッド然り、太平洋の安全確保の役割を担わされる状況にあります。自衛隊の指揮権は「一体化」という名目で米軍に奪われていっています。日本が米軍の尻馬に乗って、ウクライナのように代理戦争をさせられないためにも、自主的外交権を手に入れなければならないはずです。

「駐留なき安保」とは、日本側が主導権を持ちながら、アメリカとはつかず離れず選択権を持てるようにするということです。いまは兵器すらアメリカ軍の使い古しを買っている状況ですから、そんなことでは自主的安全保障など望むべくもない状態です。どんどんアメリカの言うとおりになってしまっています。

在日米軍基地による支配

――現在の日本は米軍による支配が続いています。

木村　先程も述べた通り、我が国には数多くの米軍基地があり、日米合同委員会による支配が行われています。合同委員会は日本側は外務省北米局長が出席し、アメリカ側が在日米軍総司令官が出席するのですから、釣り合っていません。結果としてアメリカの「御用聞き」になってしまう構造があります。六本木の赤坂プレスセンターにあるヘリポートも米軍において管理されており、ここに入ると刑事罰を受けてしまいます。

こうしたことを日本人が不自然に感じなくなってきています。このことが一番良くないと思います。日米は一体だから大丈夫なのだ、「同盟」なのだという意識になってしまっています。だから、国民の側から、日米地位協定改定の声をあげて問題提起していくべきだと思います。

日米合同委員会が開催されている
ニュー山王ホテル

対米自立勢力を結集せよ

—— 対米従属の構造には、アメリカだけでなく、日本側の問題もあるのではないでしょうか。例えばパレスチナ問題においても日本はアメリカに追従するばかりです。

木村　先日、パレスチナの国連加盟に向けた安全保障理事会における投票では、日本はパレスチナの国連加盟に賛成しました。アメリカとイギリスが反対する中、日本外交では珍しく良い措置でした。パレスチナの国連加盟と同時に、日本はパレスチナを国家承認すべきです。そしてパレスチナを一九六七年以前の領土に戻さなければいけません。

　アングロサクソンは、何だかんだ言って有色人種を支配する対象としてしか見ていないように思えます。バイデン大統領が先日、中露に加えて日本やインドまでも「外国人嫌悪の国」と呼んで蔑むような発言がありましたが、アングロサクソンの心の中にこそ、東洋人を嫌悪する感情があるのではないでしょうか。だからこそアメリカはダメなのだと言ってやりたい。

　現代ロシアでは、ドゥーギンが「ユーラシア主義」を提唱して多極化の時代に向けた理論構築をしています。本来大日本帝国として大東亜共栄圏まで打ち出した日本が考えるべき基軸だと思いますが、外務省にその気概がありません。

—— さきほども外務省の話が出ましたが、対米自立を脱却するうえで外務省が対米自立阻止装置として働く面があります。

木村　そうなんです。これはシリアスな戦いになると思います。外務省に対抗するためには、やはり官僚や官僚経験者の中で孫崎享さんや天木直人さんのように対米自立の志がある人と連携することが必要です。そのうえで、日米合同委員会のあり方を変えるとか、地位協定を改定するとか、僅かな前進だとしても対米自立の成功事例をつくっていかなければならないと思います。

対米従属の問題を一気に解決できれば一番良いですが、相手がいることなのでそう簡単にはいかないだろうと考えると、例えば日米同盟に他の東洋の国も入れて二国間同盟ではなくしてしまうことで、アメリカの影響力を相対化することも考えられます。いずれにせよ、外務省と戦うためには、そういう短期、中期、長期的戦略を持たなければなりません。

フィリピンも、ドゥテルテ前大統領が対米自立に向かおうとしたとき、フィリピン外務省が妨害するわけです。やはりどうしても官僚は現状維持を好みますから、対米自立を嫌がるのです。日米同盟にあぐらをかいている日本人の問題でもあるのです。

――対米従属政治を変えるには何が必要ですか。

木村　対米従属を改めるには、政権交代する必要がありますが、政権交代するためには国民運動の盛り上がりとともに、自民党の憂国勢力の結集が必要です。そして、救国政権構想を進めることです。日本を思う憂国の政治家が出てこなければダメだし、また憂国の文化人、ジャーナリスト、活動家、そういった人々を結集していかないといけません。自民党の中でも、本当は岸田政権の泥船に乗っているとよくないと思う人はいるはずです。

そのためには国民の側も甘えを捨てなければなりません。例えば北朝鮮の拉致問題にしても、家族会は必ずアメリカに訴えに行きます。アメリカに行くことを否定するつもりはありませんが、なぜアメリカだけなのか。本当の解決には、北朝鮮への影響力ということでいえば、むしろ中国やロシアにも行くなど、多角的な視点を持った方が良いのではないかとも思います。そうでないと問題解決は遠のき、政治的な情報コントロールと見られかねなくなります。

ことほど左様に、日本国民が、何かあるとアメリカを頼ろうというアメリカ依存の意識がある限り、政治家もますますアメリカ拝跪になっていくし、世界から見たら、日本は独立した主権国家なのかとプーチン大統領以外からも訝しまれるような状況になってしまうのです。

優しい母のように育ててくれた米国の豹変

日米近現代史研究家
渡辺惣樹

日本開国の目的は中国市場を巡るイギリスとの戦いに勝つこと

――今後の日米関係を考える際、一八五三年のペリー来航まで遡って日米関係を振り返る必要があると思います。渡辺さんは『日本開国』（草思社）などの著作で、アメリカが日本開国を迫る過程について詳しく分析していました。現在はYoutube「そうきチャンネル」で情報発信をしています。

渡辺　従来、日本開国プロジェクトに関わるアメリカ側の政府史料を用いた研究は十分に行われてきませんでした。そこで私はアメリカの公文書などにも当り、アメリカ政府内部における日本開国構想の成立過程を示す文書を検討しました。

かつては、アメリカの日本開国の狙いは捕鯨船の安全確保のためとされてきましたが、私は公文書を分析することによって、日本開国の真の狙いが、アメリカが中国市場を巡るイギリスとの通商戦争を戦うための貿易ルート確保にあったと結論づけたのです。当時、アメリカの最大の敵はイギリスだったということを理解しなければ、アメリカが何を求めていたかはわかりません。

中でも日本開国の必要性を説いていたアーロン・パーマーという人物の存在を知ることが重要です。彼はニューヨークで法務事務所を開き、ロビイストとして活動していました。彼は日本開国について、当時のワシントン政府に多くの献言を行い、国務長官、海軍長官、そしてペリーとも頻繁に意見交換を行なっていました。

彼は、アメリカは中国市場を巡るイギリスとの争奪戦に勝つためには「太平洋ハイウェイ」を開発すべきだと提言したのです。イギリスよりも早く中国市場の情報を入手し、短い時間で市場にアクセスするためには、太平洋を横断して中国に直接向かうルートを確立すべきだという考え方です。その航路を安全なものにするために、日本の港が必要だと彼は訴えたのです。アメリカが必要としたのは、燃料・食料などの補給ができる、いわば「太平洋ハイウェイ」のサービスステーションとしての日本の港だったのです。パーマーは、オランダ商館などからの情報で、日本には良質の石炭があることを知っていました。

アメリカは一八四八年に米墨戦争に勝ち、カリフォルニアをメキシコから購入しました。するとその直後に、カリフォルニアで大金鉱が発見されました。このゴールドラッシュのおかげで、太平洋に面した港町としてサンフランシスコが開発され、中国への海の道の起点が誕生したのです。

こうした中で、パーマーは一八四九年四月十四日、ザカリー・テイラー政権のジョン・クレイトン国務長官に「日本開国計画書」を提出し、日本に特使を送り、開国交渉を早急に始めるべきだと主張したのです。ペリー来航の四年前のことです。

しかし、日本を開国させるためには、東インド艦隊の軍艦の半数近くを割く必要がありました。しかし、海軍上層部だけではなく国民もそれに反対しました。「虎の子の艦隊を、なぜ日本などに差し向ける必要があるのか」というわけです。

民主主義国家はプロパガンダを必要とする

渡辺　そこで、国民を説得するためのプロパガンダが必要になったのです。その際、パーマーたちが注目したのが、漂流民に対する日本の扱いだったというわけです。

例えば、漂流民を装って日本に入国した人物の中に、ラナルド・マクドナルドがいます。彼の父はスコットランド人で、母はネイティブアメリカンでした。子供の頃、母の親族から自分達のルーツは日本人だと教えられ、彼はそれを信じていました。そして、日本に憧れて日本行きを企てたのです。一八四八年七月に利尻島に上陸した彼は、約十カ月間日本に滞在しました。実際には、マクドナルドの例でもわかるように、徳川幕府は漂流民をかなり丁寧に扱っていました。

ところが、パーマーは、漂流民たちが「食うや食わずのまま長期間放って置かれた」、「踏み絵を強要されて、従わなければ皆ごろしにすると脅された」といった、日本人の残虐さを伝える記事をいくつかの新聞に掲載させたのです。そして、「開国計画書」にも漂流民の保護を盛り込んだのです。こうして捕鯨船員保護のためという日本開国神話ができたのです。

民主主義国であるアメリカでは、予算を獲得するためにはプロパガンダによって国民感情に火をつける必要があるのです。アメリカの戦争のやり方の原型がすでに幕末にあったということです。

一八九八年の米西戦争は、アメリカ軍艦メイン号がハバナ港で爆沈した事件が引き金になりましたが、これもアメリカの謀略だとされています。ベトナム戦争の際には、トンキン湾で、北ベトナムの船に米軍の船が攻撃されたことをきっかけに北爆が本格化しましたが、これもまたでっち上げだったことがわかっています。

戦争をする際、民主主義国ではプロパガンダによって国民を怒らせる必要があるのです。皮肉なことですが、専制主義国家はこのようなプロパガンダをする必要はありません。

母のような優しい心で日本を育てたアメリカ

―― 日露戦争の勝利によって、アメリカは日本の勢力の拡大を警戒するようになりましたが、既に一八九〇年代からアメリカはハワイを巡り日本への警戒感を抱き始めていました。

渡辺 一八九八年にアメリカはハワイを併合することになりますが、ハワイを領土化しようというアメリカの野心に気づいていたハワイ王国は、日本から移民を受け入れることで対抗しようとしていました。一八八一年、国王カラカウアが日本を訪問し、多くの移民を受け入れたいと伝えています。その結果、ハワイの日本人移民は急増したのです。しかし、やはりアメリカはハワイ王国を潰しました。それがいわゆる「ハワイ革命」(一八九三年)です。実際は革命などではなく、米海兵隊が勝手に王宮を占拠したのです。

日本政府は一八九三年十一月、邦人保護を理由に東郷平八郎率いる防護巡洋艦「浪速」などをハワイに派遣しました。その頃からアメリカが日本の海軍力の強さに非常に怯えていたのは間違いないでしょう。ハワイ王室を潰した「でたらめ外交」をしていたアメリカ政府、そしてハワイの白人たちには罪悪感もありました。

タウンゼント・ハリス

日本の開国以来、アメリカはまるで優しいお母さんのような気持ちで日本を大事に育てようとしてきた歴史があります。アメリカの初代駐日総領事タウンゼント・ハリスは非常に日本を大事にしていました。もちろん、直木賞作家の佐藤雅美さんが『大君の通貨　幕末「円ドル」戦争』で描いたような側面もハリスにはありました。

当時、国際的には金一グラムに対して銀十六グラムが同価値でしたが、日本では金一グラムと銀五グラムが同価値でした。このことに気づいた貿易商人や船員らは、上海で銀と交換して莫大な利益を得ていたのです。当然、日本人商人もこれで儲けていました。こうした点だけを捉えて、ハリスは悪いと批判できますが、彼個人が懐を暖めた形跡はないのです。ハリスを評価する際に重要なことはこんなことではありません。

一八五八年に結ばれた日米修好通商条約付則の貿易章程で、ハリスは日本が二〇%まで関税をかけることを認めていたのです。これは当時のアメリカの関税率より高いのです。この頃、国家財政に関税の占める割合はとても高かったのです。

これに対して、狡猾な国とされるイギリスは五％以上の関税は認めませんでした。日本へのアプローチについてはアメリカに遅れた英国はハリスが二〇％と決めたことに憤ったのです。低関税を強制されると、工業化が疎外されるのです。伊藤博文などは早い時期からイギリスの狡猾さを見抜いていました。

一八六九年から一八七七年まで米大統領を務めたグラント将軍も非常に親日的でした。大統領退任後の一八七九年には国賓として日本を訪問し、浜離宮で明治天皇と会見しています。将軍は民主主義制度の導入はゆっくりやらないと危険だとアドバイスしています。明治政府はグラント政権時代の一八七一年から岩倉施設団を派遣しましたが、アメリカはそれを大歓迎しています。

グラント将軍

また、日本は明治初期にお雇い外国人によって近代的な制度を導入しようとしましたが、明治政府がイギリスに頼ったのは主に技術者でした。法律制度などの国家の制度設計に関しては、ドイツやフランスにも学んでいますが、経済政策の指導を求めたのはアメリカなのです。一八七二年にはアメリカのナショナル・バンク制度をモデルにして国立銀行条例が制定されています。アメリカに行って経済制度を学んだ伊藤博文の建議によるものです。

――一九二四年の排日移民法制定は、日米関係に重大な影響を及ぼしました。

渡辺　当時大統領を務めていた共和党のクーリッジは、この法律が危険なことをわかっていました。しかし予算を議会に牛耳られていたため署名せざるを得ませんでした。米日関係の悪化を心配したクーリッジ大統領は親日的なエドガー・バンクロフトを駐日大使として送り込んでいます。また、アメリカには実業界を中心に対日関係を重視しなければならないと考える人たちも多くいましたが、議会の勢いに圧倒されてしまったということです。当時のアメリカは反アジア人種を訴えると票がとれたのです。これも民主主義の悪い一面です。

アメリカの歴史を見ると、議会が狂うときには大統領がまともで、大統領が狂う時には議会はまともで、それでバランスがとれていました。どちらも狂っているのがバイデン政権です。それが今の世界の大混乱の元凶です。

いずれにせよ、排日移民法によって日本側の受けた衝撃は極めて大きかったのです。当時の日本からすれば、優しかったお母さんに突然殴られたようなものです。お母さんに理由もなく殴られれば、子供の人格は歪んでしまうと言われていますが、日本もまたアメリカの豹変に深い心理的キズを負ったのです。「優しく育ててくれていたアメリカが突然冷たくなった。なぜアメリカはこんなに意地悪になってしまったのか」と。日本人からすればアメリカの心変わりの理由がまるでわからなかったのです。

満州における日本の特殊権益を明確に規定しておくべきだった

―― 満州事変は、日米関係の悪化を決定づけたのでしょうか。

渡辺 私は満州の問題はそれほど大きな問題ではなかったと考えています。日露戦争中の一九〇五年に交わされた桂・タフト協定で、アメリカは朝鮮半島における日本の支配権を容認し、日本はアメリカのフィリピンの支配権を容認しました。つまり勢力圏のバーターです。そして、一九〇八年十一月の高平・ルート協定で、アメリカは朝鮮半島と満洲南部を日本の特殊権益地域として認めています。

第一次世界大戦の頃は、アメリカは大西洋に海軍の全勢力を投入していたため、太平洋の守りが手薄になっていました。そのため、アメリカはカリフォルニアの防衛も、南米の防衛も日本海軍に任せていたほどです。当然、ハワイの防衛も日本に頼っています。こうした中で、一九一七年十一月の石井・ランシング協定には、日本が中国大陸において「特殊権益」を持つことが盛り込まれています。ただ、日本側が「特殊権益」に政治的利益も含むと解釈していたのに対し、米国側は「特殊権益」が経済的利益に限定されると解釈していました。

　こうした解釈の相違が生じないように満州における日本の特殊権益をもっと明確に規定しておけばよかったと思います。要するにアメリカが最も日本を必要としている時期に条約として文書化しておけば良かったのです。

――満州事変について、スティムソン国務長官は「スティムソン・ドクトリン」を公表し、日本の満州への軍事行動を厳しく非難しています。

渡辺　私はスティムソンの主張は当時のアメリカの中で極めて特殊なものだったと考えています。彼の主張は、日本に対する悪感情に影響されています。

スティムソン国務長官

スティムソンはフィリピン総督を務めたことがあります。フィリピンの統治を担当すると、アメリカの権益を脅かす存在としての日本の存在がひどく気になる。日本が恐ろしく感じられるのです。

――フランクリン・ルーズベルト大統領の対日政策はどのように考えるべきですか。

渡辺　ルーズベルトの頭には、基本的に日本はなかったと思います。日本の歴史家は日米関係を中心にして考えますが、ルーズベルトの頭の中にあったのは対独戦争だけです。

　当時、アメリカ国民は「ヨーロッパの紛争に巻き込まれてはいけない」という非干渉主義的な考え方に支配されていました。一九三九年九月に第二次世界大戦が勃発し、一九四〇年にはドイツによるロンドン空爆が本格化しました。そうした状況に至っても、アメリカは参戦できなかったのです。

　ルーズベルト大統領は、「ヒトラーが南米経由でアメリカ本土に攻めてくる」などとフェイク情報を駆使して危機感を煽りましたが、それでもアメリカ国民は参戦しようとは言わなかったのです。そこで初めて、日本を「ダシ」に使う「裏口からの参戦」という考えが出てくるわけです。だからこそルーズベルトは、国民を動かすための真珠湾攻撃が必要だったのです。

九条はアメリカに利用されないための切り札

――我々は、対米従属から脱し、自立した外交を展開するべきだと考えています。日本が自立するためには何が必要でしょうか。

渡辺　東西冷戦の終結、ソビエト崩壊以来、アメリカは一極覇権主義を強めていきました。一九九二年にはポール・ウォルフォウィッツらのネオコンが防衛計画指針を作成し、「二度と米国のライバルとなる国を生ませない」「アメリカ的価値観の強制」「民主主義体制でない国を力づくで民主主義化させる」という路線を唱えました。その頃からアメリカ外交はこの考えで進められてきました。アメリカが一極覇権主義を推進する中で、アメリカそのものが「全体主義国家」に変質してしまいました。

アメリカ一極主義外交の路線が変わらない限り、日本が現在のウクライナのような役目を負わされる可能性もあります。アメリカは他国の軍をアメリカの利益のために利用することに長けています。アメリカに都合よく使われないこと。それが重要になってきます。

私は、アメリカに利用されないために、憲法九条を逆利用するという方法はあり得ると考えています。イラク戦争に自衛隊も派遣されましたが、戦闘には参加しませんでした。その理由も九条があったからです。こう考えると、九条はアメリカに利用されないための切り札になるように思います。

今思えばアメリカのイラク侵攻の理由が大嘘だったことがわかります。イラクのフセイン政権はアルカイダと無関係だったし、核兵器も生物化学兵器も開発などしていませんでした。アメリカの嘘によって自衛隊が愚かな戦争の片棒を担がされずに済んだのは、九条のおかげだとも言えます。九条をうまく利用してアメリカの無理強いに抵抗しながら、日本の国益のための軍事行動には柔軟に対応する。そんなやり方が現状ではベストのような気がします。

白人の悪夢・日中同盟

明治大学教授　廣部　泉

黄禍論を高めた近衛篤麿の日中同盟論

――廣部さんは『人種戦争という寓話』（名古屋大学出版会）などの著作で、黄禍論とアジア主義の連鎖について分析しています。日清戦争、日露戦争における日本の勝利は、黄禍論にどのような影響を与えたのでしょうか。

廣部　日清戦争の勝利によって、日本はヨーロッパの最新の近代兵器を用いて、非常に効率的に戦えることを世界に示しました。その結果、欧米は日本の目覚ましい近代化に脅威に感じる面もあったのですが、一方で日清戦争は所詮アジアの国同士の戦いだという見方もありました。ところが日露戦争は、日本が欧米列強の中でも強国とされるロシアを相手に対等以上の戦いができることを示しました。その結果、欧米は日本に対する恐怖感を一層高めていったのです。

一方、一九〇〇年頃からアメリカへの日本人移民が急速に増えました。そのため、日清戦争当時はそれほど大きな問題ではなかった日本人移民の問題が、日露戦争の頃には深刻な問題として認識されるようになっていました。

――貴族院議長の近衛篤麿が雑誌『太陽』明治三十一（一八九八）年一月号に書いた論説「同人種同盟」を欧米メディアは非常に警戒しました。

廣部　近衛は、西洋に憚り靡《なび》いて中国を軽蔑する当時の日本の風潮に対して論難をあびせ、中国について積極的に学び、中国と友好的関係を結ばなければならな

白人の悪夢・日中同盟

「エコー・ド・パリ」（1905年1月8日）に掲載された風刺画

いと説いたのです。

この主張に、欧米のメディアは意外なほど注目しました。貴族院議長でもあり、将来の有力首相候補とも目され、しかも天皇に近い重要人物が筆者ということもあり、日清戦争での勝利以降、日本に目を向けていた欧州の人々の注意を強く引いたのでしょう。

同年三月五日付の『ル・タン』紙はじめ欧州各紙が、近衛の論説を大きく伝えました。これ以降、欧米各メディアが近衛を紹介するときには、貴族院議長の肩書と並んで「日中同盟の強力な唱道者」という説明文がつくようになります。

近衛の日中同盟論は、アメリカにも伝えられました。こうした中で、イギリスの元外交官であるフレデリック・カンリフ＝オーエンが、明治三十二（一八九九）年八月二十日付けのアメリカ主要紙に載った論説で、近衛の日中同盟論を引き、黄禍の危険について警告したのです。

黄禍論の背景には、アジア人が糾合して襲いかかってくるという恐怖感があり、アジアでも最も力のある中国と日本が同盟を組んで、これまでアジアを虐げてきた欧米に挑んでくることが最も恐ろしいことだと考えられました。近衛の意図に関わらず、そうした文脈で彼の論説は読まれてしまったということです。

カンリフ＝オーエンは、東洋人の人口の多さと危険性を強調し、「欧州の論者に見えていないのは、先見の明のある日本の政治家が、日中同盟に向けて着々と歩を進めていることであり、まさにちょうどそのタイミングで、近衛の日中同盟論が東京の雑誌に掲載された」と指摘しました。さらに彼は、「西洋列強は黄禍に対して自衛するために連合しなければならないとドイツ皇帝が主張したときは、大いに嘲られたものだったが、ドイツ皇帝は、愚かだったのではなく、預言的だった」と書いたのです。

こうして、欧米では日中同盟構想に対する懸念が抱かれるようになり、中国の軍人が日本へ留学するなど、少しでも疑わしい動きが見えると、反西洋的な形での日中同盟形成に向けた動きとして報じられる流れができていったのです。

近衛が明治三十四（一九〇一）年七月に北京を訪問すると、欧米各紙はその動きに注目しました。七月二十四日付『タイムズ』紙は、近衛が適当な時期を選んで、中国で日中同盟の持論を展開すると予想しました。同日付の『シカゴ・トリビューン』紙も、「日本は同盟を求めている」との見出しで、近衛の訪中を、日本が中国との同盟を求めている表れだと解釈しました。

アジア主義昂揚をもたらした排日移民法

―― 欧米社会では黄禍論が台頭しましたが、セオドア・ルーズベルト大統領などはそうした世論に引きずられませんでした。

廣部 セオドア・ルーズベルトは、ヴィルヘルム二世的な見方には引きずられることはありませんでしたが、日本の実力と可能性をよく知っていたが故に、大きく反応しました。日本を仮想敵とする米海軍のオレンジ計画の策定が始まったのは彼の任期中ですし、黒船ならぬ白船と呼ばれたホワイトフリートの世界周航も日本を念頭に置いたものでした。

―― 大正四（一九一五）年一月に大隈重信内閣が突き付けた対華二十一カ条要求は、日本が欧米と同じような姿勢で中国に向かった動きと理解されていますが、欧米はそれをアジア主義的な動きとして警戒しました。

廣部 ロンドンの『ニュー・ステイツマン』誌は、二十一ヵ条要求は日本のアジアにおけるモンロー主義、すなわち、欧米列強に中国のことに関しては口出しさせないという決意の表れであると警告しました。

同誌は、日本の実力の高まりによって、世界で黄色人種の権威が高まらざるを得ず、日本は中国に対する宗主国となり、欧米列強は日本に無断で中国と交渉することはできなくなるだろうとの見通しを示しました。

黄禍論の代表的な形は、「日中が協力して欧米に挑む」ことを警戒したものでしたが、一方で「日本が強大化し、中国を従える形で欧米に挑む」ことも警戒されたのです。

――排日移民法によって日本人のアメリカ観は大きく変わりました。

廣部　排日移民法は、日本においてアジア主義が強まる大きな契機となりました。当時、アメリカにおける数少ない極東国際関係の専門家であったジョージ・ブレイクスリーですら、排日移民法が日中協商を実現させる要素の一つになる可能性について言及するほどでした。彼は「相当な汎アジア感情が、日中両国やアジアの他の地域で、いくつかの集団において近年発展してきており、この感情は共通の人種的侮蔑とみなされていることについての意識によって強化されてきた」と書きました。

排日移民法をきっかけに昂揚した日本国内の反米運動は、しばらくすると収まりましたが、その後もアジア主義的な運動は継続され、「やはりアメリカはアジア人を差別しているのだ」という気持ちは、滓《おり》のような形で漂い続けたのです。

「汎アジア」という言葉だけが「不気味」に響く

――全亜細亜協会が大正十五（一九二六）年九月に長崎で開催した「全亜細亜民族会議」についても、欧米メディアは反応していました。

廣部　この会議はそれほど大規模なものではなく、一部の実業家と国会議員の主催によるもので、政府がサポートしているわけでもなかったのですが、一部の欧米メディアは黄禍論的な発想から非常に警戒していたのです。

中国やアジアの国の代表も参加するということもあって、実態にそぐわないほどの過剰な警戒感を示しました。欧米とアジアがお互いに疑心暗鬼になり、黄禍論とアジア主義が増幅されていく一つの例だと思います。

欧米の一部は、「汎アジア」という言葉に、言いようのない不気味さを感じていました。日本で発行されていた英字紙『ジャパン・アドバタイザー』は、「脅威もしくは恩寵」と題して、「汎米」「汎欧州」「汎太平洋」というように「汎」の文字が付く言葉はいくつもあるが、「汎アジア」という言葉だけが「不気味」に響くと説いていました。

ボストンの主要紙『クリスチャン・サイエンス・モニター』も、この会議が、移民法に対する憤り、西洋に対する憤りの直接的結果として誕生した組織によるものである点に注目し、「汎アジア」と聞かされたときに欧米人が「恐怖と不吉」を感じるのは、そこに西洋に対して隊列を組んだ一つの大陸を見るからであるとして、この会議もそのように考えるべきかと問いかけました。

一九三〇年代に入ると、日本のアジア主義団体に有力政府関係者、軍関係者が参加し、政府も間接的にそれを支援するようになります。欧米側は、それを強く警戒してもよかったにもかかわらず、それほどの警戒感は示しませんでした。もしかすると、一九二〇年代にアジア主義を警戒したものの、実質的な動きが大して見られなかったことから、過剰反応だったことを反省したのかもしれません。また、日本と中国の対立が深まり、両者が合同して向かってくることに対する警戒感が薄れたからかもしれません。

「白人無敵神話」を崩壊させたシンガポール陥落

―― 昭和十二（一九三七）年に日中戦争が勃発したことによって、日中の団結はさらに難しい状況となりました。

廣部　アジアが連携して欧米に対抗しようと本気で考えていたインドの人にとっては、日中戦争の勃発は大きなショックでした。一方で、欧米側は日中戦争によってアジアが一体となって欧米に抵抗するという可能性が遠のいたと判断し、ある種の安堵感を持ったと言えるかもしれません。

―― 大東亜戦争の勃発で状況は変わります。緒戦で日本が勝利したことは欧米に強い衝撃を与えました。

廣部　日本のシンガポール侵攻が迫る中、米国務省極東部の覚書は、もしシンガポールが日本人の手に落ちるようなことがあれば、「蘭印、フィリピン、ビルマ、そしてインドの現地人の目から見て、白人種、特に大英帝国や合衆国の威信が、計り知れないほど低下するだろう」と分析していました。

シンガポール陥落を祝う市民（福岡日日新聞玄関前）

欧米の植民地支配は、「白人には絶対に叶わない」という思い込みを利用することによって、かなり少ない人数の軍隊で多くの人を統治するという形が成り立っていました。シンガポール陥落によって、「イギリスは無敵だ」「白人は無敵だ」という前提が崩壊したわけです。白人も黄色人種に負けるという事実が、まざまざと目の前で見せつけられたのです。欧米の植民地主義者にとっては世界の秩序がひっくり返ってしまうような事態となったのです。

—— 特に欧米は、日本が占領した東南アジアの民衆が日本に協力することを警戒していました。

廣部 それこそが、欧米が最も恐れていたことです。南カリフォルニア大学が発刊していた季刊誌『ワールド・アフェアーズ・インタープリター』の編者A・ポリゾイデス博士は、次のように書いて、日本軍が占領しているアジア各地で日本が広く受け入れられている状況に警鐘を鳴らしていました。

「インドシナは、フランス人といるよりも日本人といる方が心地よく感じている。タイは、新しい主人の命令と望みに従順で、進んで自らを合わせている。ビルマはその侵略者を歓迎し、蘭印の人々はいくつかの例外はあるものの無関心であり、広大なインドはいかなる新しい支配者でも進んで無気力に受け入れる。それらは根拠のない推測ではなく、確かな現実なのである」

欧米はこうした認識を持っていたため、アジアにおいて日本への支持が高まらないように様々な手を尽くしました。インド政府の情報放送省の担当者が英本国インド省の情報担当者に宛てた電報には、「日本人のヨーロッパ人に対する残虐行為はできるだけ伏せ、日本人のアジア人に対する残虐行為を積極的に公表すべし」と書かれていました。

――昭和十八年十一月に開かれた大東亜会議を欧米はどのように認識していたのでしょうか。

廣部　欧米の指導者たちは強い危機感を抱いていたと思います。しかし、米英の各紙は、この会議に参加したアジアの指導者たちが日本の「傀儡」に過ぎないとして、侮蔑的に報じました。『クリスチャン・サイエンス・モニター』紙は、二人の目のつり上がった和装の女性が、アジアの住民に対して一方で金をばら撒きつつ、もう一方で糸で操る絵を載せました。つまり、アジア各地から参加した指導者たちを、単なる日本の操り人形だというイメージを拡げようとしたのです。

――大東亜戦争の最中も、欧米は日中の和解を警戒し続けていました。

廣部　国務省顧問のホーンベックらは、蔣介石が日本に寝返るのではないかと警戒していました。ハミルトン極東部長は、中国による組織的な対日抵抗運動が崩壊すれば、連合国は日本に勝てなくなるかもしれないと警告していました。

また、連合国は世界の正義を代表して戦っているという建前をとっていましたから、連合国はアメリカ、イギリス、フランス、ソ連、中国を含む形で構成されなければならないと考えていました。中国が日本側につくことは極めて不都合な事態だったということです。

アメリカが過剰反応した鳩山由紀夫論文

――アジアの団結を防ぐという欧米の発想は戦後も続いているように見えます。

廣部　アメリカは、昭和三十（一九五五）年に開催されたバンドン会議も警戒していました。例えば、ダレス国務長官は井口貞夫駐米大使に対して、バンドン会議では「アジア人のためのアジア」という教義が叫ばれるだろうが、そのような教義は、アメリカとアジア諸国との繋がりを絶つことを意図したものだと釘を刺していました。

また、ダレス長官は、バンドン会議開催直前にも、イギリスのロージャー・マーキンス大使に対して、汎アジア運動を推し進めているアジアの勢力が存在し、その運動はその性質も考えも反西洋的であると感じて

バンドン会議

いると述べていました。

バンドン会議の期間中には、日中が接近を図っていたことにアメリカは苛立っていました。しかし、アメリカの牽制にもかかわらず、日中間の貿易関係は進展を見せていました。昭和三十年五月四日に締結された第三次日中貿易協定の第十条が、「日中が互いに常駐の通商代表部を置く」と定めていたことが、特にアメリカを刺激していたのです。こうした動きにダレスは強く警告し、日中関係の進展は頓挫したのです。

── 平成二十一（二〇〇九）年八月末、自民党から民主党への政権交代が確実視されていた中で発表された鳩山由紀夫氏の「東アジア共同体」論文の英訳が『ニューヨーク・タイムズ』電子版に掲載されました。

廣部　この鳩山論文に対してアメリカが過剰な反応を示したことに驚きました。論文には、アメリカは「今後も日本外交の基軸でありつづけるし、それは紛れもなく重要な日本外交の柱である」「いまのところアメリカに代わる覇権国家は見当たらないし、ドルに代わる基軸通貨も見当たらない」と書かれていました。

ただ、論文は国家目標の一つが「東アジア共同体」の創造であると謳い、日本人は「アジアに位置する国家としてのアイデンティティを忘れてはならないだろう」とも述べていました。こうした主張が、アメリカの一部の警戒感を掻き立てたのでしょう。ヘリテージ財団のブルース・クリングナー上級研究員は、鳩山の東アジア共同体という考えは米国の利益と相いれないと強く反発しました。

また、鳩山総理の動きがさらにアメリカの危機感を高めたのです。同年十月十日の北京での日中韓首脳会談において、鳩山総理は「今までややもすると米国に依存しすぎていた日本だった。日米同盟は重要だと考えながら、一方でアジアをもっと重視する政策を作り上げたい」と述べるとともに、「新しい日本は東アジア共同体を構想していきたい」と意欲を示したのです。

翌十一日、キャンベル国務次官補が来日し、日本政府の関係者とシニアレベルの会談を相次いで行いました。キャンベル次官補は、鳩山総理の北京発言について、「米国政府の高いレベルにおいて驚愕の念を持って受け取られた」と懸念を表明したのです。さらに「そのような発言は日米関係に容易には回復しがたい危機を生じさせるだろう」とも警告しています。こうした過剰な反応もまた、日中の接近を悪夢と考える黄禍論の流れの中にあると言えるでしょう。

―― 平成三十一（二〇一九）年四月、米国務省政策立案局局長のキロン・スキナー女史が「東西冷戦は西洋諸国（Western Family）の間での戦いだったが、中国は西側の思想、歴史から産まれたものではない。米国は白人以外と初めての大きな対立を経験しようとしている」と述べました。中国の台頭は、再び黄禍論な警戒感をもたらしているのでしょうか。

廣部 それはあると思います。冷戦終結後、国際政治学者のサミュエル・ハンティントンが「文明の衝突」と言い出しましたが、スキナー氏女史の発言もそうした発想の延長線上にあるのでしょう。冷戦時代においても「ソ連は赤いが、白人同士だから分かり合える。赤くなった中国の方が厄介だ」というような発言をする人たちがいました。

その中国がいまやアメリカに挑戦する強国として台頭してきたことに対して、スキナー氏女史のような考え方を持っている人は少なくないだろうと思います。

アジア主義の光

―― 日本とアメリカの関係が人種ファクターに大きく左右される事態は再び起こるのでしょうか。

廣部 今の若い人たちの多くには欧米人に差別された経験がありませんし、多くが日本人が差別されているとも思っていないと考えています。また、アジア人の中で差別されているのは中国人だけだと考えている人も少なくありません。

一方、名誉白人という言葉がありますが、最近の学生の中には「日本人だけがアジアの中で進んでいて優れている」というような発想が見られるように思います。そうした考え方が強まることは好ましいことではないでしょう。

―― 我々は、アジア主義的な動きが強まると、欧米がそれを警戒し、黄禍論的な思想も強まるという連鎖を理解しています。しかし、本来のアジア主義は欧米に対抗することが主眼ではなく、アジア人が対等の立場で協力し、アジアの良い伝統を取り戻し、文明の転換に貢献していくことなのではないかと考えています。

欧米は人種的偏見を捨て、アジアの声に耳を傾けるべきではないでしょうか。廣部さんが指摘している通り、イギリスのメディアは、昭和二十（一九四五）年四月二十三日に開催された大東亜各国大使会議について一定の価値を認めていました。

廣部　この会議で採択された共同声明は「植民地的地位ニ在ル諸民族ヲ解放シテ各々其ノ所ヲ得シメ、共ニ人類文明ノ進展ニ寄与スベキ途ヲ拓クベシ」と謳うなど、サンフランシスコ会議で採択される国連憲章よりも進んだ面すらありました。

この会議について、『タイムズ』紙は「アジア人のためのアジア」が「日本人のためのアジア」と化したとはいえ、そのことによって元のスローガンが的外れとは言えないとし、東洋諸国民のナショナルな自覚と、部外者による搾取から正当なインタレストを守る決意を高めるという形で、世界の将来を形作る一つの傾向を大いに促進させたと評価しています。さらに、西洋列強はそのことについて注意深く学ばなければならないと総括しています。さすがにイギリスは深く考察していると感じます。

アジアの人々が、人種は違っても、良き世界市民、良き隣人として共に歩んでいける人間であるということを、欧米側に粘り強く説明していくしかないと思います。またアジア主義的な思想が、欧米に敵対するものでも、日本の利益だけを追求するものでもなく、より良い世界コミュニティの形成を目指す思想であることを行動で示していく必要があると思います。

日本人を変えた排日移民法 無名烈士の魂と鈴木一郎翁

一万余人が参列した無名烈士国民葬

大正十三（一九二四）年五月三十一日の早朝、米国大使館隣りの焼け跡に、従容として自刃し果てた一体の遺骸があった。排日移民法に抗議してみずから命を絶ったその人の遺書には、無名の一民と達筆に認めてあって、その死は国民の痛憤を代表するものであった。

この直前対米国民大会を組織中であった内田(良平)は、そのことに感じて頭山満、田中弘之とともに発起人となって無名烈士の国民葬を営み、一万余の市民が続々とこの葬列に続いたのである。

以降この無名烈士の祭りは黒龍会で行われていたが、鈴木（一郎）先生は終戦後その黒龍会が解散を命ぜられた後も、ひとりその墓地の祭りを守り続けられたのであった。

戦後詣でる人も絶えたその青山の墓地はいつも鈴木先生の手で掃き清められた。唯だ一人墓前に花をささげられる羽織袴姿の後姿には、国民葬当日一万余の市民が参列した盛会にも勝る厳粛なものが感じられたのであった。筆者はその日、自由労働者の霊と書かれた塔婆が同じ墓域に祭られて心をこめた香華が鈴木先生の手で捧げられた事を忘れることができない。

それは大震災後自由クラブに住んで、鈴木先生の手あつい看護を受けて病歿した名もない労働者の霊に呼びかける鈴木先生の御姿であった。

「死ヲ以テ排日条項ノ削除ヲ求ムル」

無名烈士慰霊祭に関する葛生能久の談話（昭和三十六年六月二十一日筆録）

本年（昭和三十六年）の五月三十一日は、去る大正十三年五月三十一日に米国議会に排日移民法が上提されましてわが国民に一大ショックを与えた際アメリカ政府及び同国々民に道義的反省を促がすために痛烈なる遺書を東京駐在アメリカ大使に残し、自刃して国難に殉じました無名烈士の三十二年目に当りますが、丁度最近、青山墓地の一部的整理のためにこの烈士の墓地の移転が行われましたので、年会を一年くり上げ三十三年の法要を兼ねて、この法要を営むことにいたしました。

同烈士の葬儀以来、因縁の浅からぬ赤坂一ッ木の円通寺に於きまして末永節、頭山泉両氏及び私の三人を発起人といたしまして、此の法要を営んだので御座居ますが、この烈士の詳細なる事跡につきましては、すでに三十余年を経過いたしまして当時の主なる運動の関係者の人達は大部分亡くなられて居ります。従ってその事跡も知られない方が少くありませんので、その概要を法要の際、参会の人達に報告いたしたのでございますが、その概要をここに申し述べることにいたします。

無名烈士の自刃されたのは大正十三年五月三十一日でそのころ米国の排日移民法が同国の議会に提出され、我が国に対して人種的差別待遇をもって移民の受け入れをほとんど禁止的に制限したのでありました。国民はこれに対して非常な憤激をいたしたので御座居ますが、これについて、この憤激を日本国民の一人として事実の上に表明されたのがこの無名烈士の行動でございます。

此の朝、米国大使館の側に置かれました無名烈士の遺書なるものは、無名烈士の精神及び念願を示された遺書でございます。

その遺書の写しをご参考に読み上げてみたいと思います。

封筒には　サイラス・イ・ウッヅ閣下ヲ通ジテ亜米利加合衆国国民諸君ノ同情ニ訴フ

その裏には　大日本帝国無名の一臣民、とありその内容は、

最モ能ク日本ヲ了解セラレテ深ク厚ク日本ニ同情ヲ寄セラレタル米国大使サイラス・イ・ウッヅ閣下ノ帰国ニ托シテ全米国ノ反省ヲ望ムタメ死ヲ以テ切

願ス大使閣下諒セラレン事ヲ祈ル

米国民ノ反省ヲ望ム要件左ニ

一　新移民法カラ排日条項ヲ削除スル法案ヲ決議セラレン事ヲ

理由

予ガ死ヲ以テ排日条項ノ削除ヲ求ムルモノハ貴国ガ常ニ人道上ノ立場ヨリ平和ヲ愛好唱導セラレ平和ノ指導者トシテ世界ニ重キヲ思ハシメツツアル貴国ガ率先シテ排日法案ノ如キ人道ヲ無視シタ決議ヲ両院通過シテ法律トナルガ如キハ実ニ以外ノ感ニ耐ヘザルナリ

人類生存上憤怒スル場合種々アルモ耻辱ヲ与ヘラレタル憤怒ハ耐ヘ難キモノナリ耻シメラルベキ事情アリテ耻シメラル大ヒニ悔ヒ忍バザルベカラズ故ヘナクシテ耻シメラル憤怒セザラント慾スルモ耐ヘ難キナリ

予ハ日本人ナリ今マ将ニ列国環視ノ前ニ於テ貴国ノ為メニ耻メラル故ヘナクシテ耻メラル（故ヘアリト言ハバ故ヘハ貴国ノ故ヘナリ）生キテ永ク貴国人ニ怨ヲ含ムヨリ死シテ貴国ヨリ伝ヘラレタル博愛ノ教義ヲ研究シ聖基督ノ批判ヲ仰ギ併セテ聖基督ニヨリ貴国人民ノ反省ヲ求メ尚ホ一層幸福増進ヲ祈ルト共ニ我日本人ノ耻シメラレタル新移民法ヨリ排日条項ノ削除セラレン事ヲ祈ラントスルニアリ

大日本帝国　無名ノ一民

サイラス・イ・ウッヅ閣下ヲ通シテ

亜米利加合衆国国民諸君

自分の名を一切秘した行動

これが本文でございます。

此の遺書がその日朝早く米国大使館のすぐ隣りの焼け跡に残され、烈士がそこに従容として自刃し瞑目して居った次第でございますが、これをすぐ赤坂表町の警察にとどける者があって、その遺書を開かれ、これを検事局に廻しその死体を処理することに決まったのでございます。こちらは、その事を聞きますと、すぐ表町署に電話をかけてその死体に対する処置ならびに遺書の模様を聞くために人を同警察署に出しまして詳細聞きますというと、警察ではこれを取り扱うのに、普通旅行者が道路に倒れて死んで居るものを扱う行き倒れ人を扱うと同様の処置をするために、今死体を円通寺に置いてそして円通寺で行き倒れ人を埋葬すると同様の取り扱いをするように、ということで手続きをして居ると。

遺書は検事局に廻したのでこちらでは発表するわけにはいかぬ、ということであったのでございましたが、先ずその報告を聞きますというと更に警察に交渉いたしまして、その死体は規則にはどうであろうが、対米問題で覚悟の上にこの死を遂げたということについては、普通行き倒れ人をもって取り扱かはれることは残念千万であるから、こちらで相当の手続をして葬りたいので下げ渡してほしい、ということを交渉しました。ところが警察でも、実は此の死に方は国事に関してのことであるからして、こちらでも行き倒れ人同様の取り扱いをすることはまことにしのびないところであるからして、よろしく取り計らってほしい、そちらに総てをまかせるから、ということでありましたので、その晩同志の者が円通寺に行ってお通夜を遂げ、その死体を翌日取りあえず青山の共同墓地に埋葬いたしまして、更めて本式のあつかいをするということにしました。

また一方検事局に行きまして、その遺書なるものについて聞き合わせましたところが、検事局でも非常な同情をもってその遺書の全文を写真に写すことを許してくれ又、当時死体の現場に於けるそのままを写した写真を更に複写することを許してくれるというようなことで、こちらで全部それを引受けることになったのでございます。

その遺書は即ち唯今読みました遺書でございまして、その内容は甚だ痛烈に日本国民として最も敬服すべき見識のもとに書かれて居ること及びその名前をみずから言わず、ただ無名の一国民とだけ記しました事につきましては、よくこういうことにありがちな事でございますが、その名を明らかにして本人の名を挙げたいという様な気持に出る者が一般のことでございまして、これは無論悪いことではありません、決してそれをいやしむべきことではありませんけれども、然し、それでは、名を売るためにするということでは、人を感動せしめる効果の上に於て、響の上に於てもどうかと思わるる訳なのであります。これについて自分の名は一切秘しましたことは志士の行動としてその行為に人の心を打たしむるものがあったのでありました。

無名烈士国民弔祭会を決議した対米問題国民大会

これより前、私共の方では米国の排日問題の報道が伝わりますと、これは容易ならぬことである、ということで、内田良平、田中捨身、その他の平生の同志が永田町の黒龍会出版部に集まりまして、この問題について早速国論を喚起して米国の反省を促がさなければならないということで対米国民大会を開催すべく申し合せて居りました。ちょうどその準備中に烈士の死が伝えられて来たのでありましたからして、ここに会合した人達はそれは甚だ感ずべき事である、ということでこの手続に及んだ次第でございました。

この時、対米問題の国民運動につきましてはその時の申し合わせにもとずきまして急に国民大会を開くことになって、六月二日貴衆両院議員、在野の有志三百七十余名の発起人のもとに両国の国技館に於てその大会が開催されたのでございます。その時無名烈士が遺書を提して米国の反省を促がした義挙が、大きく一般に知れ渡ったので、国論はさなきだに沸騰して居ったのでございますが、それに一層の熱が加わりまして、来会者が実に四万余人、さすがの国技館も場内立錐の余地なく、外にあふるるというような盛会をいたしたのでございます。

その時には押川方義氏を座長に推して

一、対米抗議の決議

一、無名烈士の国民弔祭会の執行

一、国民対米会の組織

ということの三項を決議いたしまして、この対米会によって今後の運動をするということになったのであります。

そしてこの決議に基きまして、六月の七日に無名烈士国民弔祭会を青山斉場に於て催しました。

導師は、円通寺の住職中里日昭師、発起人代表は頭山満、内田良平、田中弘之の三氏及び副島義一、大竹貫一、高木正年、押川方義、上杉慎吉、その他会員同志一万余の参列をみるというような盛況でありました。

そして仮埋葬をしておりました遺骸は、その共同墓地のすぐ隣りに旧陸軍基地がありましたので、これを陸軍に交渉致しましたところが、陸軍でも非常に同情を表しましたが、ただ規則上陸軍が直接にすることは致しかねるので一旦陸軍から市役所に寄付することにして、市役所から対米会の方に払い下げる形式をとってもらいたい、ということで、その手続によって市役所で簡単に手続が出来たのであります。

その時更めて改葬しましたのがつい先ごろありましたあの墓でございました。

墓守を貫いた鈴木一郎翁

故人を祭る

内田翁御夫人のお話によれば

「お墓のお守りは、鈴木さんが若い時からひき受けて下さったのです。戊申の役で亡くなった方々のお墓が烏山にもありましたし、その後ずいぶん多勢の方のお墓を内田家でお守りするようになったのですが、鈴木さんがいつもからだを運んでていねいにお守りしてくださっていました」

ということであった。内田の敬虔な御心と、その心をくんで終始一貫された鈴木先生がしのばれるお話である。

戦後、彼岸のある日、筆者を墓参に伴はれたことがあった。鈴木先生は淡々とした姿を見せて迷路のような墓地の小路を足早やに歩いて、或いは志士仁人の墓前に、或いは守る人もないように見える御墓の一つ一つを、ジッパーのきかなくなった古い手さげバックの中から、木鋏や草かきの道具を取り出してきれいに掃除をされて、静かに墓前に瞑目された墓石の傍らで持参の握り飯を差し上げると、一服する間もなく立上って、

「む。彼処でも待っているだろうからな……」と、もう下駄の音をさせて、ご自分の庭を歩くように確かな足どりで歩きはじめられるのであった。

生ける人に仕える様に故人の墓を守られることは、先生が若い頃から努められたことの一つなのである。

＊本稿は、立雲会史談部同人編『鈴木一郎翁追悼録』（昭和三十八年）から抜粋したものである。現代仮名遣いに改め、適宜小見出しを補った。

白人権力者が恐れた男 黒人運動家マーカス・ガーベイ

『宗教問題』編集長 小川寛大

黒人が黒人の手で力を付けていくという未来

アメリカにて排日移民法が施行されたのは一九二四年のことだが、その時期、すなわち一九二〇年代の前半、アメリカは、ある一人の有色人種の存在に揺さぶられていた。当時の英領ジャマイカで生まれ、「黒い預言者」などと呼ばれた黒人運動家、マーカス・ガーベイ（一八八七～一九四〇）である。

現在、黒人解放の歴史のなかにおいて、ガーベイは徹底して傍流の存在として位置づけられている。筆者が過去に見たある研究書では、彼について「夢を売る山師」なる呼び方で書いていた。

幼き日に黒人解放の夢を抱いたガーベイが、その見識を深めるための世界旅行の末にアメリカへやってきたのは一九一六年のことだが、それから数年で彼はアメリカで数百万人の黒人を動員できる力を得ていた。ガーベイに学歴はなく、その主張はしばしば扇動的で、黒人解放運動の主流にいたインテリ黒人や、そうした黒人たちと付き合うリベラル白人からは徹底的に嫌悪された。

しかし、ガーベイには人を引き付ける、とびぬけた演説の才があった。彼の主張は確かに扇動的だったが、その声には当時の黒人大衆（その多くは貧しい非インテリだった）を熱狂させてやまない魅力が、確かに備わっていた。そして何より、ガーベイは現場主義を重んじる、行動力に富んだ男だった。誤解を恐れずあえて言えば、マーカス・ガーベイと彼が率いた国際黒人地位改善協会（UNIA）は、全盛期における池田大作と創価学会のような迫力で、一九二〇年代前半のアメリカを暴れ回った存在だった。

「排日移民法」というのは、実は日本における通称のようなものである。英語では単に「一九二四年移民法（Immigration Act of 1924）」と書くこの法律は、東ヨーロッパからのユダヤ移民や、南ヨーロッパからのイタリア移民（ギャングになる人が多かった）などがアメリカにやってくることも規制する、かなり包括的な移民抑制法だった。なぜ、そのような法律が当時のアメリカでできたのか。それにはさまざまな理由があるわけだが、根底に、アメリカ建国当初からのエスタブリッシュ層であるWASP（ホワイト、アングロ・サクソン、プロテスタント）の支配構造を崩すわけにはいかないという思いがあったことは確実だろう。そして、そうしたアメリカ権力層の考えに、当時のガーベイがおよぼした影響は少なくないはずだと、筆者は見るのである。

マーカス・ガーベイ

マーカス・ガーベイ思想の根底にいるのは、デュセ・モハメッド・アリとブッカー・T・ワシントンという、二人の黒人運動家である。

ジャマイカの、富裕階級ではないながらも決して最下層ではなく、かつ子供に読み書きそろばん程度の教育は施すことのできた家庭に生まれたガーベイは、幼いころから反人種差別、黒人の地位向上を訴える書籍や雑誌に親しみ、成人して訪れたイギリスのロンドンで、英領エジプト出身の政治活動家、デュセ・モハメッド・アリに出会う。

アリは、当時ほとんどすべてヨーロッパ列強の植民地にされていたアフリカ諸国に向かって「黒人は立ち上がって白人と戦うべきだ」と呼びかけていたアフリカ民族主義者で、ロンドンにて官憲と対峙しながら、そういう主張の新聞や雑誌を発行していた人物だった。そのアリの新聞社で下働きをしながら、ガーベイはアメリカから送られてくる、ブッカー・T・ワシントンという人物の著作群に大きな影響を受けていくことになる。ワシントンは、南北戦争後の奴隷解放が成し遂げられたアメリカ合衆国において、黒人のための教育機関を創設し、黒人の自助努力による人種解放運動を推進していた人物だった。

ガーベイが、ワシントンを慕ってアメリカへ渡るのは一九一六年のこと。残念ながら、その直前にワシントンは死去していたのだが、ガーベイはアリのアフリカ民族主義、ワシントンの黒人自助努力論を引き継ぐ形で、「黒人は白人を超越し、自由を得ていくべきだ」という独自理論を展開させ、アメリカで活動していくことになるのである。

本稿に与えられた紙幅は少なく、よっていまガーベイの思想を紹介するために、彼の生涯を細かに解説していくことはしない。その代わり、一九二〇年代前半に、ガーベイが全米各地で演説して回った主張の抄訳を、示してみることにしたい。

「黒人がアメリカ社会で社会的平等を求めていくという運動は、ほとんど妄想の産物である。なぜならば白人がそのようなことを許すはずがないからだ。黒人がアメリカにいる限り、黒人は決して白人社会と同化することはできず、永遠に少数派の地位にとどめ置かれる」

「ある人にこう聞かれた。『黒人の政府はどこにあるの？　黒人の王や大統領はどこにいるの？　黒人の軍隊はどこにあるの？』と。私はそれに答えられなかった。ただしこれだけは言おう。私は今後、それらをつくり上げるために全力を尽くすと！」

「白人に頼らないという勇気を持とう。実際、彼ら大統領や議員、判事たちがわれわれ黒人に何を与えてくれた？　少なくともこの五〇年だか一〇〇年の間、くれたものといえば破壊と恐怖だけだったではないか。われわれが望むべきは、黒人が黒人の手で力を付けていくという未来だけだ！」

「国境なんて何の意味があるんだ。どの国に行ったって、黒人は平等にひどい目にあうだけだ。アフリカ民族が真の自由と独立を手にして、世界を覆うまでこの苦難は続く」

「白人の国家が全世界で行っていることを見れば分

かるように、白人には愛や慈悲、公平さはひとかけらもない。アジアに目を向けても、そこには必死に白人の真似をしようとしている、どうしようもない日本人がいるだけだ。人間を幸せにし、神の意にかなった社会をつくる使命は、いまや黒人に託されているのだ」

「この二〇世紀には、新たな文明、新たな文化が、わが黒人の間から生まれることになる。ナイルの流れる地は、再び科学と芸術、そして文学の栄える地となる」

「われわれはアフリカを求める。他者の平安を妨げようとは思わない。われわれはただ、ニジェール河畔で重荷を下ろし、エチオピアの神の賛歌を歌いたいだけなのだ」

黒人から「救世主」と呼ばれた黒龍会の中根中

ガーベイのこうした主張に、アメリカの黒人大衆は熱狂し、ガーベイの組織UNIAには数百万人もの黒人が集った。ガーベイは支持者に軍服のような服を着せ、アメリカ各地で示威行動などを繰り返した。当時の白人権力層は、この突然現れて巨大にふくれあがったガーベイ運動に、恐れおののいた。

ところで当時のアメリカに、W・E・B・デュボイスという黒人運動家がいた。デュボイスは当時の黒人のなかでは非常に珍しい、大学で高等教育を受けたインテリで、多くのリベラル系白人の支援も受けながら、全米黒人地位向上協会（NAACP）という組織をつくり、率いていた人物だった。そのスローガンは、人種平等の実現である。一九一九年のパリ講和会議で日本が国際連盟規約に「人種平等の原則」を入れようとした提案（アメリカなどによって却下された）に熱烈な賛意を示していたのも、このNAACPとデュボイスだった。

このような、白人と協調しながらの人種平等を志向していたデュボイスにとって、ガーベイなどというのは不埒な無頼漢のようなものでしかなかった。デュボイスはガーベイを「精神異常者か反逆者のどちらかだ」などと攻撃し、周囲の白人もそれに同調した。一九二三年、ガーベイは詐欺の疑いで警察に逮捕され、二七年に国外追放処分となって、二度とアメリカに戻らなかった。

しかし、ガーベイの運動はそこでついえたわけではない。ガーベイの組織UNIAは、その後の一九三〇年代に創設された、黒人のみならず黄色人種も含めた有色人種解放団体・東方世界平和運動（PMEW）と協調して歩む。大東亜戦争開戦を目前に控え、このPMEWに日本からやってきて身を投じたのが、黒龍会の構成員だった中根中である。中根はガーベイを彷彿とさせる演説の才で黒人大衆の熱狂的支持を集め、「救世主」「小さな少佐」などとも称された。

この中根の功績として知られるものに、一九四三年のデトロイト大暴動がある。中根に影響された黒人らが、アメリカの兵器生産の重要拠点であるデトロイトで暴動を起こし、三日間にわたってその都市機能を停止させたのである。

また、ガーベイの組織UNIAのなかから輩出されたのが、「黒い色は美しい」と語り、戦後の公民権運動のなかで「人種平等」を目指したキング牧師と厳しく対立した、マルコムXである。

いまなお、厳然たる事実として、世界の有色人種は白人より明らかに低い地位にある。無論、人種平等の実現は目指すべき大理想である。しかしわれわれは今、その理想が延々と実現しない世の中にあって、あえてガーベイや中根、マルコムXを見つめ直す必要もあるのではないか。そう、排日移民法一〇〇年の節目に、筆者は思う。

対談　ＮＴＴ法廃止を阻止せよ！

ＩＴビジネスアナリスト　深田萌絵

日本郵便元副会長　稲村公望

日本の安全保障を揺るがすＮＴＴ法廃止

――四月十七日に改正ＮＴＴ法が成立しました。当初、総務省が示した付則は「二〇二五年の通常国会をめどに、電気通信事業法の改正、ＮＴＴ法の改正または廃止に必要な法案を提出する」となっていましたが、結局付則は「ＮＴＴ法の廃止を含めて検討」となりました。依然としてＮＴＴ法が廃止される危険性があります。外資によるＮＴＴ買収には、どのような危険性があるのでしょうか。

深田　ＮＴＴが保有している通信インフラは、国家最大の防衛インフラです。いまやサイバー空間は、陸、海、空、宇宙に続く第五の戦場となっており、通信インフラが外国企業に支配されれば日本の防衛は成り立ちません。

サイバー空間のインフラは、光ファイバーなどの通信網やデータセンターです。これが破壊されたり、制御できなくなったりすれば、国家としての機能が停止することを意味します。

国は「情報通信」、「金融」、「航空」、「空港」、「鉄

道」、「電力」、「ガス」、「政府・行政サービス」、「医療」、「水道」、「物流」、「化学」、「クレジット」及び「石油」の十四分野を重要インフラに指定していますが、これらのインフラを支えるコアとなるインフラが、NTTが保有する通信インフラ網なのです。

日本の通信インフラの七五％をNTTが持っており、KDDIとソフトバンクなどその他の通信事業者が持っているのは二五％に過ぎません。基本的にはNTTの通信インフラに依存しているということです。

NTTが外国に支配されれば、安全保障上の機密も外国に筒抜けになります。防衛省の通信インフラについて調べたところ、防衛省もほとんどのデータのトラフィック電話通話のやり取りは、ほぼNTTの通信インフラを使っていることがわかりました。機密情報などは暗号化したデータを送っているので大丈夫だということになっていますが、暗号化していたとしても、通信インフラが外国に取られてしまえば、防衛省から出てきた暗号パケットであると判れば解読できなくても破壊することが可能になります。

どんなにソフトウェア的にサイバーセキュリティを強化しても、インフラの物理的な部分が外国の支配下に入れば通信を守ることはできません。

NTT法廃止論の間違い

―― なぜNTT法廃止という議論が出てきたのですか。

深田 昨年六月に、自民党の萩生田光一政調会長をトップとする「防衛関係費の財源検討に関する特命委員会」がまとめた提言案で、政府が保有している発行済み株式の三分の一にあたるNTT株(五兆円相当分)を売却して、その収入を防衛財源に充てるよう求めたことがきっかけです。これを受けて、昨年十二月には自民党の甘利明前幹事長が座長を務める「NTT法の在り方に関するプロジェクトチーム（PT）がNTT法廃止を求める提言をまとめました。しかし、防衛費を捻出するために、NTTが外国に支配されるような事態を招けば、まさに本末転倒です。

稲村 『週刊ダイヤモンド』(一月二十日号)の特集「デジタル貧国の覇者　NTT帝国の野望」では、甘利氏が推進してきた「NTT法廃止論」の内幕が明かされ

NTT法廃止で
日本は滅ぶ
ITビジネスアナリスト
深田萌絵
Moe Fukada
政府は通信インフラを外資の手に?
現在価値40兆円の資産を二束三文で!
NTTが隠し持つ
巨大防衛施設を奪われれば
日本の安全保障は
崩壊する
かや書房

ています。私はＮＴＴ法廃止の背後に経産省がいると考えています。

ＮＴＴ法廃止を唱える論拠の一つは、同法が固定電話のための法律であり、時代に合わないというものです。しかし、これは事実に反します。ＮＴＴ法は固定電話のための法律ではなく、公平かつ安定的な電気通信を目指し、高度情報社会をどのように作るかを考えるための法律です。

ＮＴＴ法は、一九八四年に日本電信電話公社（電電公社）を民営化する際の根拠法として制定され、翌一九八五年にＮＴＴが発足しました。私はＮＴＴ法成立・民営化に先立つ二年間、日米電電資材調達問題の交渉担当を務めていました。また、ＮＴＴ法を当時の郵政省が立案して内閣提出法案としてまとめた際には電気通信局監理課の課長補佐を務め、ＮＴＴ法の制定の過程をつぶさに見てきました。

ちなみに、ＮＴＴ法を作ったとき、有線放送電話法を敢えて残したのです。町や村など地方自治体が組合を作り、有線放送で電話が繋がるというシステムで、ＮＴＴの回線が機能しない非常時にそれを利用することを考えていました。その後、有線放送電話法は廃止されましたが、秋田県や長野県などには残っていて、災害時に活用されています。また、固定電話を利用したいという人にはそれを供給する体制を維持することが必要だと思います。

深田　櫻井よしこさんをはじめ保守派の論客までが、ＮＴＴ法廃止が国益だと訴えていることに驚いています。しかし、彼らが主張している廃止の論拠はことごとく間違っています。例えば、研究開発の成果を公開して普及させることがＮＴＴ法で規定されているために、技術を中国に盗まれる危険性があるなどと主張している点です。ＮＴＴ法には「研究開発の成果を公開して普及させる」とは一言も書かれていません。第三条には「電気通信技術に関する研究の推進及びその成果の普及を通して我が国の電気通信の創意ある向上発展に寄与し」とは書かれていますが、「研究成果の普及」は「技術の秘密を公開する」という意味ではありません。

ＮＴＴ法廃止に対しては、楽天モバイル、ソフトバンク、ＫＤＤＩを中心に百八十一事業者が反対の声を上げており、私たちが四月三日に開催したＮＴＴ法廃止反対デモには、原口一博衆議院議員をはじめ四百人近い人に集まっていただきました。

ＮＴＴが中国に売却される危険性

―― 実際にＮＴＴが外国に支配される危険性はあるのでしょうか。

稲村 四月に成立した改正ＮＴＴ法では、外国人役員の規制が緩和され、全体の三分の一未満であれば、代表取締役を除いて就任が認められることになりました。これは外国勢力によるＮＴＴ支配に道を開く危険な改正だと思います。ＮＴＴ法廃止を阻止し、外資規制を維持する必要があります。

ＮＴＴ民営化当初は外資保有を禁止していましたが、一九九二年に緩和して五分の一となり、二〇〇一年以降は政府保有分が三分の一と定められました。

海外でも通信事業に対する外資規制は厳然と存在しています。イギリス、フランス、ドイツでは、個別法による外資規制はありませんが、事実上の規制があり、オーストラリア、米国、韓国、カナダでは、日本の外為法における対内投資にかかる事前審査に相当する規律が存在します。

我が国の重要通信施設はあまりにも無防備な状態におかれています。アメリカでは、国防総省職員が重要通信施設には駐在しています。

深田 ＮＴＴ法が廃止されれば、ＮＴＴがアメリカのブラックロックのようなファンドに売却され、さらに中国に売却される危険性もあります。五兆円でＮＴＴの株を日本政府から買い、それを四十兆円程度で売却すれば、ファンドにとっては濡れ手に泡のビジネスになります。

三月二十一日には同社のラリー・フィンクＣＥＯが来日し、岸田総理と面会しています。「早くＮＴＴ法を廃止しろ」と催促されたのではないかとも囁かれていました。四月の岸田総理の訪米の際には、「改正ＮＴＴ法」がバイデン大統領への手土産だとも言われていました。

稲村　岸田総理の訪米の際、ホワイトハウスで公式晩餐会が開催されましたが、驚くことにその場にはブラックロックのラリー・フィンクＣＥＯとＮＴＴの澤田純会長がいたのです。

――ＮＴＴの通信インフラは「固定電話加入権」として国民から徴収したお金で築かれたものであり、国民の共有資産なのではないでしょうか。

ラリー・フィンクＣＥＯ

深田　その通りです。ところが、ＮＴＴは「固定電話加入権」は「施設設置負担金」を支払ったオマケだという立場に立っています。したがって、固定電話加入権を解約しても、返金の義務はないと主張できるようになっているのです。また、ＮＴＴは、固定電話加入権は「非金銭債権」だとして、その財産価値を認めようとしません。

ＮＴＴはこのような詐欺的なやり方で、国民から固定電話加入権として四・七兆円規模の資金をだまし取ってきたのです。

ただ、仲間を集めれば、集団訴訟を提起して、ＮＴＴに損害賠償を請求することができると思います。私は「ＮＴＴ法廃止、完全民営化なら電話加入権返金を求める」というイベントをオンライン開催したとき、六百人以上の申し込みがありました。

ＮＴＴ法廃止を阻止するため、あらゆる手段を尽くすべきだと思います。

稲村　かつてわが国は、デンマークの大北通信会社に握られていた国際通信権益の回復に多大な努力をしてきたのです。ＮＴＴ法廃止が議論になったのを奇貨として、我々は「通信主権」という言葉の重要性を改めて認識すべきだと思います。

日系人から見る我が国共生社会の今後

元駐ブラジル全権大使　**梅田邦夫**

外国人政策の現状

――我が国政府は、外国人政策をどう進めようとしていますか。

梅田　厚生労働省の発表によると、令和5年10月時点における在日外国人労働者数は約２０５万人となり、過去最多を更新した。国籍別では、ベトナム、中国、フィリピンの順番であり、この10年間、特に東南アジア諸国から来日する労働者が急増している。我が国において少子化対策に緊急の対応が必要であることは論を俟たないが、国力維持のためには、外国人材から「信頼され選ばれる国」であり続けることも必要である。彼らの有効活用なくして「経済成長」も「国力維持」も困難であり、介護、建設、農林水産、外食、食品加工等の分野では、外国人材なくして産業が成り立たないという現実が既にある。

令和6年3月15日、政府は、技能実習制度に代わる新制度として「育成就労」を新設する法案を閣議決定した。「育成就労」は、最長5年就労可能な「特定技能1号」や、「永住権」を申請でき、家族帯同可能な「特定技能２号」への道が開かれており、政府が外国人材の定住化に舵を切っていることを示す制度改正となった。この動きを進めるうえで、どのような問題が起きるか、それにどう対処していくべきか等を政府は事前に想定し、対策を立てる必要がある。その際、先行事例として、日系人の受入れという歴史を学び、欧州諸国で起きている「移民問題」を繰り返さないようにする必要がある。

日系人社会の重要性

――日系人と日本社会との関係について教えてください。

梅田　日系人とは、日本国外に移住した日本人の子孫を指す。世界に約5百万人の日系人がいる。特に、明治41年の初移住以降、平成初頭まで移住の続いたブラジルには、約270万人の「日系ブラジル人」が居住しており、世界最大の日系人コミュニティを形成している。日系人は、多くの困難を乗り越えて移住先の経済社会の発展に大きく貢献しており、「正直」、「勤勉」という日本人の特性をもとに各国で強い信頼を勝ち得ている。この信頼が「親日感」と「日本への信頼感」を生んでいることから、彼ら日系人は、日本と移住先国との間の大きな財産となっている。また、各国日系人社会は、故国である日本の危機に際し、大きな貢献を果たしている。例えば、終戦直後の日本に対し、米国の「アジア救済公認団体」から大量の救援物資が届けられたのだが、そのうち約20％は、南北アメリカの日系人団体から寄贈されたものであった。近年でも、東日本大震災等の義援金を集めたり、福島原発の処理水問題等について我が国の主張を擁護したりするなど、力強い「日本応援団」として在り続けている。

明治開国以後の貧しい時代に「国策」で移住した日本人の子孫（日系人）のこのような貢献に対し、彼らを大切にすることは、豊かになった我が国の責務だと私は考えている。また、皇室の方々は、日系人・日系人社会に対する熱い思いを持ち続けていらっしゃっており、「移住何十周年」といった節目の年には、必ず皇族の方がブラジル等を訪問され、故国と日系人社会との「絆」を確認して頂いている。政治の世界でも、日系人・日系人社会を重視する政治家は多く、特に故安倍元総理がその筆頭であった。岸田総理も、直近の5月上旬、現職総理としては故安倍元総理以来8年振りにブラジルを訪問した。政治家には、「ブラジル・サンパウロの「開拓先没者慰霊碑」に行くと運が上向く」というジンクスがあるのだが、岸田総理もそのジンクスにあやかるかもしれない。

三〇年に亘る日系人受入れの歴史

――日系人受入れによって得られた教訓は何でしょうか。

梅田　平成2年の入管法改正により、日系2世・3世が滞在期間や就労制限のない「定住者」資格で来日し、平成19年には約38万人まで増加した。この際、日系人側も日本政府側も、短期間就労（出稼ぎ・デカセギ）し、帰国するという想定であったため、日本語教育等の受け入れ態勢の整備が不十分であった。その後、平成20年秋のリーマンショックや平成23年の東日本大震災による不況の際、多くの日系人が「雇用の調整弁」として解雇されてしまい、帰国助成金制度を利用して約4割の日系人が帰国した。ただ、近年、ブラジル経済の悪化等を受けて再び日系人の来日が続いている。在日日系人は、この30年間、製造業を中心に日本経済の発展に貢献してきたとともに、様々な分野で活躍する人材を輩出した。とはいえ、良い点ばかりではなく、いくつかの課題も明らかになっている。1つは、日本語能力の低さや容姿が原因でいじめに遭い、落ちこぼれや不登校になる日系人の子が多く存在しているという事実である。また、日本の習慣・ルールを知らないことから来る社会との摩擦も起こっていた。日系人の中には、「デカセギ移民」として来日し、そのまま長期間滞在している者も多くみられるわけだが、彼らの高齢化により、老人福祉施設の不足や年金加入期間が短いことによる老後の生活不安も課題として挙げられる。

日系人受入れの30年で得られた教訓は、外国人に「日本語能力や日本の制度に対する理解をしっかり身に着けてもらう」ことに集約されるだろう。例えば、訪日前に、日本の文化や社会保障制度、会話の基礎を学ぶことを義務付けたり、学齢期の子弟については、普通教育を義務化したり、入国後一年間、日本語教育をしっかり行ったりする配慮が重要である。更に、外国人労働者との契約の際、誤解を生まないよう、また、不利な契約の回避のため、外国語の契約書の用意を日本人側に義務付けることも必要だろう。また、在日日系人については、日本で子供を産んだ場合、その子に日本国籍を与えるという条件付き生地主義の導入や、空港での屈辱的な指紋採取を免除することが日本にルーツを持つ彼らを受け入れる上で真剣に検討すべきと考える。

なお、平成30年、日系4世を対象に、単独で長期滞在できる新制度が発足したのだが、同3世と違い滞在の条件が厳しかったことから、日系人からは「日本は、もはや日系人に訪日してほしくないのではないか」との意見が多数出た。令和5年、日本政府はこれらの意見を受けて条件を緩和し、さらに日系4世に「定住者」資格取得への道を開いたことは歓迎される。ただし、未だ改善の余地はあり、実績が上がらなければ更なる要件の緩和（連例、サポーターになる資格など）の見直しが必要となろう。

直面する課題と今後

――外国人材受入れに当たり、我が国政府・国民にどのような期待を寄せていますか。

梅田　冒頭でも申し上げたとおり、我が国は、外国人材の有効活用なくして「経済成長」も「国力維持」も困難な状況に陥っているため、労働生産性の向上や女性・年配者の活用に加えて、向上心のある勤勉な外国人材の定住化を促進することが必要となる。とはいえ、欧州諸国で深刻な問題となっている「移民問題」と同じ轍を踏んではならない。そのためには、我が国における日系人受入れの30年の歴史を教訓として活かし、日本国家の意思を明確にすることを目的に「外国人材共生基本法（仮称）」を制定する必要があるだろう。同法では、国家の方針として外国人材を受け入れていく意思や理念を明記した上で、国・地方公共団体、日本人、外国人材、事業主に対し、それぞれの責務を明記する。例えば日本人には外国人材の人権尊重を、外国人材には法令順守や日本文化・習慣の尊重が要請される。その他、取り組むべき課題は多い。外国人材の「定住化」が進むことで社会の分断や治安の悪化が起きないよう、対策が必要だろう。外国人子弟の教育整備や外国人高齢者向けの福祉施設整備は前述したが、有事の際、祖国の法令（国家情報法等）に従わなければならない中国人への対処や「偽装難民」による難民認定申請への対応も厳格にすべきだろう。偽造書類が多い「技術・人文知識・国際業務」や「留学」に関する在留資格やビザ審査の厳格化も必要だ。

以上、様々な課題を列挙したが、国際パラリンピック委員会会長でブラジル人のアンドリュー・パーソンズは、「強さは違いに宿る」と言った。私自身も、性格も考え方も違う者同士が集まった「多様性」に富んだ組織ほど柔軟で変化に強いと考える。現実に野球やサッカー、ラグビー等の日本代表チームはそうなっているし、多くの企業でもその方向で進んでいる。今必要なことは、「なし崩し的」に動かくのではなく、国としての意思を明確にして進めることである。日本は、これまでの歴史において幾多の困難を乗り越えてきた。人口減少という有史以来初めての現象に直面しているが、国民一体となって取り組めば、この国難を必ず克服できると信じている。

（聞き手・構成　滝田諒介）

時代の歯車を自ら回せ!　第一回

拉致被害者救出に自衛隊の活用を

ジャーナリスト　葛城奈海

安倍晋三元首相の言葉で浮き彫りになった戦後日本

「日本には憲法の制約があってできない」「いざとなったら、米軍に頼むしかない」

これは、歴代総理の中でもひときわ熱心に拉致問題に取り組んでいた故・安倍晋三元首相が、被害者救出に自衛隊を活用することに関して、現職の総理大臣だったときに発した言葉だ。

独立国としてはありえない台詞であったが、首相のこの言葉に疑義や問題意識を呈する有識者も国民もほとんど存在しなかった。

私はここに、戦後日本の姿が象徴的に表れていたように思う。

自国民が他国に拉致されているというのに、その救出に自衛隊が向かうことに対して憲法がハードルとなって立ちはだかる。法を守って国民を守れない。これではいったい、何のための法なのか。さらには、いざとなったら他国の軍隊に頼むしかないという。これを客観的に第三者が見たら、「日本に男はいないのか?」、そんな疑念が湧いてくるのではないだろうか。

北朝鮮に囚われている拉致被害者は、政府認定で現在十二名という建て前になっている。その一方で、警察によって「北朝鮮による拉致の可能性を排除できない行方不明者」とされている人は、八百七十一名に上る。拉致被害者の象徴的存在である横田めぐみさんが、中学校からの下校途中に拉致されて今年で四十七年。

これだけ多くの日本人が、かくも長い間拉致されて続けているというのに、いたずらに「対話」ばかりに時間を浪費し、救出に向かおうともしない日本は国家の体をなしているのだろうか。

政府は「対話と圧力」と言い続けているが、セオドア・ルーズベルトの言葉を借りれば、外交とは「片手に棍棒をもって穏やかに話す」もの。武力という棍棒の存在をまるでチラつかせない日本政府の交渉にはまるで圧力がなく、舐められ放題だ。政府はまた長年、拉致問題について「最重要課題」「オールジャパンで取り組む」と言い続けている。その言葉が本心なら、救出活動が暗礁に乗り上げている今、自衛隊を活用するという選択肢は当然あって然るべきであろう。

墨塗り教科書の墨を剥がして見えてきたこと

『維新と興亜』読者には言わずもがなだが、日本がここまで「去勢された国」に成り下がった原因は、GHQの占領政策にある。

筆者は『初等科国語』という戦中の小学校の国語の教科書を墨塗りの前後で比較してみた。戦中の教科書を初めて目にして驚いたのは、神話や皇室、神社、祝祭日、軍人、尚武の精神など戦後の教科書からは姿を消してしまった内容がふんだんに織り込まれていたことだ。総じて、「こんな教科書で学んだら、日本人として踏まえておきたい大切なことを子供のうちから身につけられる」と思える内容であった。

続いて、墨塗りにされた言葉や物語について調べて明らかになったのは、「軍」や「戦」に関するものが徹底的に消されたという事実であった。例えば、「戦車」は「自動車」に、「軍艦」は「貨物船」に書き換えられていた。物語そのものが丸ごと海苔のように墨塗りにされていたのは、村祭、潜水艦、軍旗、いもん袋、雪合戦、三勇士、観艦式、萬壽姫、大演習、廣瀬中佐など。一見、軍や戦に無関係なものも含まれていることにお気づきだろうか。村祭とは、「む～らのちんじゅのか～みさまの～」という、あの唱歌の歌詞だ。神社は村落共同体の中心であり、中でもお神輿を担いだりして共同体の団結力がひときわ強まるのが祭であった。日本人の強さの源のひとつを潰してしまおうという意図を感じずにはいられない。雪合戦などという子

九　映畫

映畫の幕は、
たったあれだけなのに、
山がうつる、川がうつる、
映畫の幕は、
たったあれだけなのに、
五階、六階、家が出て來る。

映畫の幕は、
たったあれだけなのに、
何十臺の戰車が通る。
映畫の幕は、
たったあれだけなのに、
何萬トンの、ほら、軍艦だ。

九　映畫

映畫の幕は、
たったあれだけなのに、
山がうつる、川がうつる、
映畫の幕は、
たったあれだけなのに、
五階、六階、家が出て來る。

映畫の幕は、
たったあれだけなのに、
[redacted]何十台の自動車が通る。
映畫の幕は、
たったあれだけなのに、
何萬トンの、ほら、[redacted]貨物船だ。

供の他愛のない遊びでさえ、尚武の精神を育むとして危険視されたことには驚きを禁じえない。

このようにして、WGIP（日本人に戦争について の罪悪感を植え付けるための洗脳工作）が推し進められた結果、戦後教育において「何のために戦うのか」という目的は視野の外に追いやられ、とにかく「戦うことは悪」という価値観が日本社会に蔓延することになった。

その結果が、現在の日本だ。自国民救出に武力を使うことにすら罪悪感を抱き、臆病になってしまう憐れな国、日本だ。

「憲法の制約があってできない」というなら、自国民を守れる憲法に改めるべきだし、いつになるかわからない憲法改正を待たずとも「超法規的措置」という選択肢もある。ダッカ日航機ハイジャック事件のときに「一人の生命は地球より重い」としてテロリストの要求を飲むような超法規的措置をとったのであれば、なぜ拉致被害者の生命を守るという大義名分のある措置がとれないのか。

拉致被害者救出に自衛隊の活用を！

元予備自衛官でもある筆者は、自衛官OBや予備自衛官関係者らが拉致被害者救出に資するべく活動する予備役ブルーリボンの会（代表荒木和博）の幹事長を務めている。同会では、「拉致被害者救出に自衛隊の活用を！」と訴えているが、以下のような反論にあうことが多い。①情報もないのに救出できるわけがない。②自衛官の命をなんだと思っているのか。③ハリウッド映画の見過ぎなのでは。

「情報もないのに」という方には、「これだけ長い歳月が流れていながら『情報もない』などと言っていること自体、政府が本気で被害者を救出しようとしてこなかった証左」と申し上げたい。情報というのは、明確な目的があるからこそ、真剣に集めるものだ。例えば、パラオに行くと決めたからこそ、それを実現するためにパンフレットやガイドブック、ネット情報を集める。同じものが目の前にあっても、目的がなければ目もくれないであろう。つまり、今さら「情報がない」というのは、即ち、そもそも助ける気がなかったことと同義なのだ。

「自衛官の命」を心配する気持ちは理解できる。だが、より優先して心配すべきは危機に瀕している国民の命であろう。自衛官は、その職に就く際に「事に臨んでは危険を顧みず、身をもって専心職務の遂行に努め、もって国民の負託に応える」と宣誓している。そのような覚悟で任官した自衛官にとって、救出を待つ国民が存在していることが明白であるにも関わらず、自身を活用してもらえないことに忸怩たる思いであろうことは想像に難くない。そんな思いを吐露してくれた自衛官を筆者は現実に何人も知っている。

「ハリウッド映画の見過ぎ」という方が想像しているのは、特殊部隊がドンパチする派手な救出作戦だろう。特殊部隊による救出は、最終手段としては当然準備しておくべきだ。だが、自衛隊の活用法は、なにもそればかりではない。情報収集の任にあたってもらうこともあり得るし、また今後、日朝トップ同士の会談が行われるとしたら、その際、首相の隣に制服を着た自衛官が座っているだけでも、これまでとはまったく違う「圧力」を北朝鮮に対して与えられるに違いない。そのように柔軟な発想で、しかし確実に「自衛隊を活用する」ことを、まずは国会の議論の俎上に上げるべきだ。

自衛官の靖国参拝は「私的」でなければいけないのか

自衛隊を巡っては、年始依頼、気になるニュースが相次いだ。

まず、年明け早々、陸上幕僚副長らの靖国参拝が問題視された。防衛省は、「(部隊参拝や参加の強制を禁じる)事務次官通達には違反しない」と結論づけたが、つづいて、海上自衛隊の初級幹部が遠洋練習航海出発前に行う集団参拝が槍玉に上げられた。これに対しても自衛隊は「私的な自由意思に基づく参拝。問題視することもなく、調査する方針もない」と結論づけた。

それ自体はよかったのだが、いずれの案件も何か釈然としないものが残った。年始の事案においては、陸幕副長らの公用車利用が訓戒の対象になった。能登半島地震対処に即応できるように公用車を使ったことが、なぜ「訓戒」されねばならないのか。時間休中だからという建て前だろうが、むしろ公用車を使えるように制度を見直すべきだろう。

また、三月上旬の参院予算委員会においては、防衛省人事教育局長が「自衛官が制服を着用して私的に参拝することに問題はない」「自衛官は自衛隊法などにより常時、制服を着用しなければならない」と答弁した。自衛官服務規則（防衛庁訓令第四号）第六条には、「自衛官は、この訓令の定めるところに従い、常時制服等を着用しなければならない」とある。つまり、自衛官であれば、制服着用こそが大前提で、私的な時間など例外的に着なくても良い場合もあるというのが原則なのだ。こうした事実が広く周知され、自衛官が憚ることなく制服で参拝できるようになることを願わずにいられない。

と同時に、思うのだ。いつまで「私的」に囚われるのか、と。例大祭には靖国神社の招待を受けて制服姿の陸海空自衛官が参列している。しかしながら、それはあくまで「私的な」参拝だという。違和感を覚えるのは、筆者ばかりではあるまい。

参考までに、戦没者が眠るアーリントン墓地で、米国は毎年国家行事として慰霊祭を行い、大統領はもちろん、各軍種の軍人たちは制服で公務として参列している。諸外国の人が日本の実状を知ったら心底驚くであろうし、何より英霊たちはどう思われるだろうか。

陸上自衛隊X「大東亜戦争」削除の意味すること

四月上旬、陸上自衛隊第三十二普通科連隊が公式X（旧ツイッター）で用いた「大東亜戦争」という表現が、

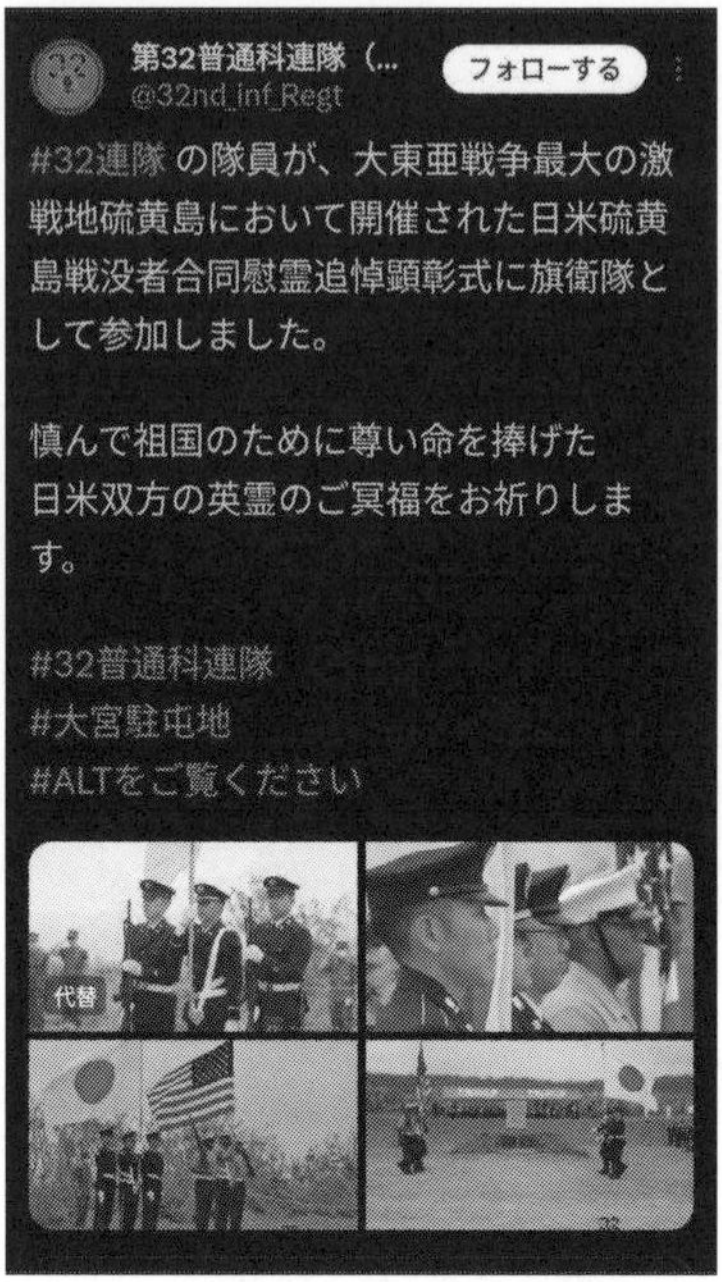

朝日新聞などから批判されたことを受け、防衛省・自衛隊はこれを削除した。日米硫黄島戦没者合同慰霊追悼顕彰式への参加報告に「大東亜戦争最大の激戦地硫黄島」と記したものだが、木原稔防衛大臣は、「慰霊そのものが重要であり、大東亜戦争という表記によって、大きな問題化することは本意でないという報告を受けている」と述べた。

閣僚が認めたということは即ち、自衛官をはじめ公職に就く人が使うには「不適切な言葉」として登録されたのと同義だ。「慰霊が重要」というのなら、戦没者の想いに寄り添うことこそ重要だったのではないか。英霊は「大東亜戦争」を戦ったのだ。

「大東亜戦争」は、昭和十六年十二月の開戦から四日後に、昭和十二年から継続していた支那事変（日中戦争）を含めて「大東亜戦争と呼称す」と当時の東条英機内閣が閣議決定した呼称だ。

昭和天皇が出された「宣戦の詔書」には、「東亜の安定を確保し、世界平和に寄与し、万国共栄の喜びを共にしたいにもかかわらず、米英は、東亜の混乱を助長し、平和の美名に隠れて東洋を征服する非道な野望をたくましくしている。事ここに至っては、自存自衛のため、速やかに禍根を取り除いて東亜に永遠の平和を確立し、日本の保全を期す」旨が記されている。この詔書に接したとき、昭和天皇が「戦う理由」をここまで明言されていたのかと驚きを禁じ得なかった。

この詔書に触れて確信した。これを読めば、「侵略戦争」でないことは一目瞭然だ。だからこそ、「宣戦の詔書」は意図的に人目から遠ざけられたに違いない。

戦後、昭和二十年十二月に出した神道指令によってＧＨＱは「大東亜戦争」「八紘一宇」の使用を禁じた。その結果、「大東亜戦争」は「太平洋戦争」に置き換えられ、本来世界が一つの家のように睦み合って暮らすことを願う「八紘一宇」は危険思想扱いされるようになった。WGIPを行ったGHQにとって、東亜の平和を確立するという「日本の大義」は不都合な真実に他ならず、故に徹底的に隠蔽しなければならなかったことは想像に難くない。

こうした史実を知れば、「大東亜戦争」の削除が、いかに戦勝国史観に囚われ、独立国としての尊厳を自ら傷つける行為であるか理解できるであろう。

戦後教育の中で育ち、戦後体制にどっぷり浸ってきた我々にとって、「戦うこと」＝「悪」とは限らないという姿勢を見せることは、勇気のいることだ。だから と言って、勝者によって押し付けられた価値観や「言葉狩り」に、いつまで縛られ続けるのか。子孫たちにツケを先送りにするのは無責任だ。

ここへ来て、憲法改正の動きがやや活発化してきているが、「陸海空軍その他戦力は、これを保持しない。交戦権は、これを認めない」とした九条二項を残したまま、憲法に自衛隊を明記しても、（少なくとも法的には）自衛隊が拉致被害者を救出できないことに何ら変わりはない。そんな改正ではまったく意味がないどころか、自衛隊がそんな憲法のお墨付きを得た組織になってしまっては、むしろ米国の属国度が増すとしか思えない。

拉致された同胞を自ら奪還する。自分の国は自分で守る。それが、尊厳ある国の当り前の姿であろう。

真の意味での自立国として日本を再生するためにも、今を生きる私達の手で時代の歯車を回す勇気を持とうではないか。

鎮守の森～社《もり》を問う　第一回

鎮守の森事始め

鎮守の杜・園芸文化研究家
NPO法人社叢学会理事
賀来宏和

この度、『維新と興亜』誌上に「鎮守の森～社《もり》を問う」と題して、小論を連載させていただくことになりました。私は神道学者でも民俗学者でもありませんが、人と自然がどうかかわるべきかという造園原論や園芸文化史などを自らの専攻として勉強を進める中で、鎮守の森が日本人の精神文化の基層の核心であることを強く感じております。

折に触れ、神社を参拝し、鎮守の森を訪ねる旅も全国にわたり、その数も六千社超に及びます。現在、神社本庁に包括されている宗教法人たる神社は約八万社とされ、神社本庁に属さない単立の宗教法人もあり、国内のすべての神社と鎮守の森を巡ることは困難かと思いますので、まずは参拝の対象として一定の目標を設けることとし、長い歴史を有する神社を中心に歩いているところです。

本小論は、その細やかなる記録と徐々に頭の中に整理されてきた「鎮守の森」のおぼろげなる姿です。

鎮守の森とは

「鎮守の森」という言葉からは、一般的には、神社の鬱蒼とした森を思い浮かべます。しかしながら、私が所属する社叢学会では、「鎮守の森」とは、神社のみならず、寺院の森や沖縄の御嶽に見られる森、さらには民間信仰に基づく祠などの周りの森などまでをも含めた広義の概念として定義しています。「社叢」とは「鎮守の森」と同義で、社叢学会とは、わが国で唯

一、鎮守の森について、神道学や林学、造園学、文学などの関係者が集まり、領域を超えて調査研究を行う団体です。

　このような鎮守の森の定義ではありますが、本稿では、一般的な印象に沿い、神社とその森に焦点を合わせ、お話を進めていくことにします。

　そもそも神社を「鎮守」と称するようになったのは、平安時代とされ、社叢学会の初代理事長にて、歴史学者であり、丹波國に鎮座する延喜式内社の宮司であった上田正昭先生は、十世紀後半の『本朝世紀』という歴史書の天慶二年（九三九）正月十九日の条に、「鎮守正二位勲三等大物忌明神」とあるのを文献上の初出としています。これ以降、諸文献に「鎮守の神」「鎮守の社」の用語が見られるようになるとされますが、「鎮守の神」なり、「鎮守の森」の言葉が汎用化するのは、明治以降のこととしています。

　因みに、「大物忌明神」とは、山形県と秋田県にまたがる霊峰鳥海山を祀るお社で、山頂には鳥海山大物忌神社の奥宮としての御本社があり、山形県側の登拝道の入口にあたる遊佐町に里宮として蕨岡口之宮と吹浦口之宮があります。本書にもしばしば登場する石原莞爾将軍が晩年を過ごされたのが遊佐町で、その墓所は吹浦口之宮からほど近い場所にあります。

　冒頭に述べたように、私は神道学や民俗学を専門とする者ではなく、一信仰者であり、専門的には誤解があるかもしれませんので、ご容赦ください。不勉強の点があれば、ご指摘いただけると幸いです。

往古の神社の形と「もり」

　神社と言えば誰でも思い浮かべるのは、御本殿や拝殿などの社殿や社務所、さらに、それらを取り囲む森で構成される聖なる場です。このような現代の印象に対して、原初の神社の姿には、常設の社殿はないとされます。このことは、『古事記』や『日本書紀』とほぼ同時期の「風土記」に見られ、和銅六年（七一三）に編纂され、養老五年(七二一)に成立したとされる『常陸國風土記』には、行方郡の條に「社《やしろ》を設《ま》けて、初めて祭りき」、同じく那賀郡の條に「社《やしろ》を立てて祭を致し」の記述があり、前後の文章を読むと、祭事に際して、臨時の祭場を設けた様子と見て取れます。

奈良時代末期に成立したとされる『萬葉集』は、ご存知のように、漢字による万葉仮名で表記され、それを平安時代の「梨壺の五人」など後世の歌人や国学者が読み下したものです。その柿本人麻呂の歌「東野炎立所見而反見為者月西渡」を江戸期の国学者賀茂真淵が、「東《ひむがし》の野にかぎろひの立つ見えてかへり見すれば月かたぶきぬ」と読み下したことは有名で、鎌倉時代の萬葉集の注釈者である僧仙覚の読み下しとは異なるとされます。

現代の我々が接する万葉の歌は、このように、あくまでも後世の識者が音律を整え、解釈して読みくだした歌であることを前提としつつも、「社」という文字にどのような大和言葉やその意味をあてていたのか気になるところです。

ざっと調べたところですが、『萬葉集』における万葉仮名の「社」の多くは、「こそ」と訓がなされております。「今日こそ」「あなたこそ」の「こそ」で、それしかない、そうしようという決断のような意味かと思います。

一方、「社」を「もり」と読む歌が長歌二首を含めて十一首あります。

「山科の石田《いはた》の社《もり》に幣《ぬさ》置かばけだし吾妹《わぎも》に直《ただ》に逢はむかも」（巻九）

「（長歌前略）風な吹きそと　うち越えて　名に負《お》へる社《もり》に　風祭《かざまつり》せな」（巻九）

「かくしてやなほやまもらむ大荒木《おほあらき》の浮田《うきた》の社《もり》の標《しめ》あらなくに」（巻十一）

などの歌ですが、それぞれの「社《もり》」は、山城國久世郡の延喜式内社石田神社《いはたのかみのやしろ》に比定される京都府八幡市岩田茶屋ノ前鎮座の同神社、大和國平群郡の延喜式内社龍田坐天御柱國御柱神社《たつたにますあまのみはしらくにのみはしらのかみのやしろ》に比定される奈良県生駒郡三郷町に鎮座する龍田大社、大和國宇智郡の延喜式内社荒木神社《あらきのかみのやしろ》に比定される奈良県五條市鎮座の同神社にあたります。

また、「社」を「やしろ」と読む歌も同様に長歌等二首を含めて九首あり、うち五首は「神之社」「神社」の形で「かみのやしろ」として「社」の文字が利用されています。「社《やしろ》」は神霊の宿るべき場所や『常陸國

龍田大社(奈良県生駒郡三郷町鎮座)

荒木神社(奈良県五條市鎮座)

風土記』に見られる神霊をお迎えする仮設の祭場を示しており、次の歌は、そのような、みだりに立ち入ることのできない神聖な場、すなわち「神の社《やしろ》」を表しているとされます。

「ちはやぶる神の社《やしろ》しなかりせば春日の野辺に粟蒔かましを」(巻十一)

さらに驚くべきは、「神社」と表記された万葉仮名を「もり」と読む歌で、三首あります。

「泣沢《なきさわ》の神社《もり》に神酒《みわ》すゑ禱祈《いの》れどもわが大君は高日《たかひ》知らしぬ」(巻二)

万葉仮名での表記は、「哭澤之神社尓三輪須恵雖禱祈我王者高日所知奴」で、大和國十市郡の延喜式内社である畝尾《うねを》都多本神社《つたもとのかみのやしろ》に比定される奈良県橿原市に鎮座する同神社にあたります。同社の主祭神は啼澤女命とされ、『古事記』には、伊邪那美神が神去られた折に、伊邪那岐命の御涙から成った泣澤女神として現れ、畝尾の木本に坐すと記されています。

このような「社」を「もり」と読む事例は、和銅六(七一三)年に編纂され、天平五(七三三)年に成立したとされる『出雲國風土記』にもあり、秋鹿郡の女嵩野《たかの》の條には、「上頭《みね》に樹林《はやし》在り。此《こ》は則ち神《かみ》の社《もり》也」と記されています。

また、全国の鎮守の森を訪ねると、時として御神木とされている巨樹そのものを「もり」と称している事例が見られます。

福岡県宇美町に鎮座する宇美八幡宮にあるクスノキの巨樹の御神木二本は、それぞれ「湯蓋《ゆぶた》の森」「衣掛《きぬがけ》の森」と称され、また、島根県雲南市に鎮座する出雲國大原郡の延喜式内社である佐世神社《させのかみのやしろ》に比定される同神社には、須佐之男命の伝えを残す「佐世の森」と称されるシイの巨木があります。兵庫県篠山市に鎮座する住吉神社境外末社貴船大明神の境内地にあるスギの巨木は「安田の大杉」と言われますが、これも元は「甚七の森」と称されていました。

巨樹のある社叢は、その巨樹一本のみでも遠くから見ると一つの「森」のように見えますが、こうしたことを考慮すると、古代の日本語では、「もり」という言葉は、どうやら樹木の生い茂る森の中でも特に神霊のこもる場所や、場合によっては巨樹そのものを意味したのではないかと推量できます。

一方、漢字の「社」の原義を求めると、白川静氏の『字通』によれば、「社」とは、「産土神をいう。山川叢林の地はすべて神の住むところで、そこに社樹を植えて祀った。」としており、「土地の神」を意味しています。因みに、同書では「社」の用例として、「社稷」を挙げ、「土地の神と五穀の神。国の重要な祭祀で、また、国家の意。」としています。

宇美八幡宮のクスノキ巨樹「湯蓋の森」

佐世神社のシイ巨樹「佐世の森」

『萬葉集』や本居宣長が注釈した『古事記』を見ると、古代の人々が「やまと言葉」をあてはめるべく漢字と格闘した歴史を見ることができますが、「もり」を神々の坐す神聖で特別な場所としてきたことがわかります。

現在では、鎮守の森のような霊性のこもる森を「杜《もり》」と表現したり、「杜の都仙台」という言葉に表されるように、森に彩られた営みのある景を「杜《もり》」と称したりすることがありますが、「杜《もり》」の漢字の原義には樹木が鬱蒼とした「森」やこれまで述べた神霊のこもる神聖なる森である「社《もり》」の意味はありません。『字通』では「やまなし、あかなし」の植物種もしくは「ふさぐ、たつ、とじる」の意としており、社のある茂みに「杜」とあてるのは国訓としています。つまり、「杜」の文字に「もり」の意味を持たせたのは日本での使用例ということです。

前述した、本来、祭を致すべき神聖な場や仮設の祭場を「社《やしろ》」としていたものが、仏教の伝来やその様式などによって社殿の常設化が徐々に進み、「社」の文字がもっぱら社殿や境内地を含む神社そのものを示す「社《やしろ》」として使用されるようになり、かわって「杜」に「もり」の訓と意味が加えられるようになったものと考えられます。

これまで引いた『萬葉集』『風土記』『古事記』などの古書は、多くの写本の中から有力な底本を元に補訂したものが一般的ですが、それらの写本の中には「社」を「杜」と誤写したとされるものもあり、それらが混用されるうちに、「杜《もり》」の国訓が確立されるようになったものとも推量されます。

本居宣長はその随筆集『玉勝間』巻の二の中に、「もりに杜の字を書ク事」と題する小文を載せています。曰く、「杜と社とは、字の形の似たるによりて、かくたがひに誤れるものか、はた相通ふよし有てかゝるか、もし杜の字、社と通はゞ、もりに殊によし有リ」と。

本居宣長が、賀茂真淵の勧めにより、『萬葉集』の研究を進め、その読解から三十四年の歳月をかけて『古事記』の注釈書である大著『古事記傳』を著したことはあまりにも有名ですが、宣長自身の使用した諸本にも混同があったものとも推察されます。宣長は、もし

「杜」の字が「社」と関係があるとするならば、「もり」という言葉に意味があると結んでいます。

また、本居宣長が『古事記傳』の中で、神「迦微（かみ）」を「さて凡そ迦微《カミ》とは、古御典等《イニシヘノミフミドモ》に見えたる天地の諸《モロモロ》の神たちを始めて、其《ソ》を祀《マツ》れる社に坐ス御靈《ミタマ》をも申し、又人はさらにも云ハず、鳥獣《トリケモノ》木草のたぐひ海山など、其餘何《ソノホカナニ》にまれ、尋常《ヨノツネ》ならずすぐれたる徳《コト》のありて、可畏《カシコ》き物を迦微《カミ》とは云なり」と定義したことは有名ですが、この中にも、自然物で尋常でないものを畏むべき神としている原初的な信仰が見られます。ただし、この文章中の「社」には宣長自身のカタカナによる訓は付けられておらず、「やしろ」と読むことが一般的ですが、「もり」とも読めない訳ではありません。

國學院大學日本文化研究所が取りまとめた『神道事典』では、神社の歴史として、「一般に神社の原初形態は必ずしも社殿を伴うわけではなかった。むしろ年数回の祭りのたびに、霊地として神聖視される場所、すなわち村里を見下す秀麗な山の麓、清澄な川や泉のほとり、明るく神々しい森などに、神籬《ひもろぎ》（臨時に神の座とされるサカキなどの常緑樹）または磐座《いわくら》（同じく自然石）を設けて神霊を迎え、終われば送り返すのがつねだった。」としています。

また、社叢学会の第二代理事長であった宗教学者で秩父神社宮司の薗田稔先生は、「最近の国語学の成果では、日本語のカミは、たとえば『倭名類聚抄《わみょうるいじゅうしょう》』所出の古地名に見える神代(クマシロ)、神稲(クマシネ)、熊野、熊谷、久万などのクマ（隈・熊・神）やクム（隠れる）を語源とする水源の山谷に隠れた霊性を指したという。」としており、これらを総合してみると、往古の人々は深い山々の聖地（いわば深い「社《もり》」であり、今日見られる山宮や奥宮に姿を残します。）が神々の常在の地であり、祭りに際して、村里の「社《もり》」にある清浄の地を「社《やしろ》(やがて里宮などとして常設化される)」として、神籬などを立ててお迎えしたものと考えられます。

今回はわが国の古い信仰が「社《もり》」とともにあることをお伝えしました。次回以降、私が巡った古社である延喜式内社等について、そのいわれから、現状と課題などを、参拝の物語とともにお話したいと思います。

祖国再生への憲法論①

占領憲法の無効原因①

祖国再生同盟代表・弁護士　木原功仁哉

〝憲法記念日〟という名称のまやかし

今回から、祖国再生同盟の基幹政策の一である〝眞正護憲論〟の概要についてわかりやすく解説し、祖国再生の道しるべを示していきたいと思う。

戦後の我が国は、経済的・軍事的にみてアメリカの属国に外ならない。その原因は、ＧＨＱ占領期になされた様々な弱体化政策であり、その最たるものは占領憲法（日本国憲法）の制定である。

そもそも、占領憲法が大日本帝国憲法（明治憲法）の改正によって成立したとされることをご存じだろうか？　表向きは、帝国憲法73条に基づき天皇の改正発議がなされ、貴族院及び衆議院でそれぞれ修正可決した上で成立したとされる。

そうすると、5月3日は憲法記念日とされているが、「改正記念日」にすぎず、帝国憲法が施行された（明治23年）11月29日が真の憲法記念日のはずではないか。

改憲論も護憲論も、占領憲法が「有効に」成立したことを前提としているので「憲法記念日」との名称を受け入れているのであろうが、これは占領憲法の効力論争を封じ込めるための洗脳にすぎないのである。

さらに、占領憲法が帝国憲法の改正手続によって成立したというのであれば、仮に改正手続が帝国憲法に違反した事実があったとすれば、それは占領憲法が憲法としては無効で、帝国憲法が現在も有効との帰結に至ることに留意しなければならない。これは政治論ではなく厳格な論理的一貫性が求められる純粋な法律論の話なのである。

改憲論・護憲論と対峙する〝眞正護憲論〟

GHQによる占領統治は、広島と長崎に原爆を投下した強大な軍事力を背景に、仮にGHQに逆えば天皇の地位すら保障できないとの脅しによる実質的な〝直接統治〟だったのであり、その〝暴力の切れ端〟として制定された占領憲法は、後述する無効原因があることからしても憲法として有効とはいえない。

我々が主張する眞正護憲論は、徹底的に論理性を貫いた見解である。すなわち、占領憲法の改正に反対するだけでなく、昭和22年の帝国憲法から占領憲法への改正は違憲無効であるため帝国憲法が現在も有効であり、占領憲法はアメリカとの講和条約（東京でGHQと交渉し、制定されたことから〝東京条約〟と称すべきである。）の限度で効力を認めるという見解である。

その支持者には西田昌司参院議員（自民）、石原慎太郎元東京都知事、中川昭一元財務相をはじめ自民党右派を中心に支持者が少なくない。

以下では、占領憲法が憲法として無効である原因として①帝国憲法75条類推違反、②同73条違反、③ヘーグ（ハーグ）陸戦法規違反、④改正限界（國體条項）超越について述べる。④は、國體論に関する説明が必要なので、次回述べることとしたい。

①帝国憲法75条類推違反

GHQ占領により国家主権を喪失していたという国家の重大な変局時に、国家の最重要法規である憲法を改正することはできない、そのような改正は法的に無効なのである。

帝国憲法75条には「憲法及皇室典範ハ摂政ヲ置クノ間之ヲ変更スルコトヲ得ス」とある。帝国憲法の起草者である伊藤博文の解説によると、摂政が置かれる場合というのは陛下にご病気などのご不例がある時であって、そのような国家変局時に憲法や皇室典範という最重要法規を改正できないということである。

そうすると、摂政が置かれている時よりもはるかに変局時といえるGHQ占領時というのは、帝国憲法75条の趣旨である「国家変局時には憲法改正ができない」と同じ問題状況が発生しているといえるから、同条の射程を及ぼし、同条の効果を発生させるべきといえる。これを「類推適用」という。よって、帝国憲法から占領憲法への改正は、帝国憲法75条類推違反により無効であるから、帝国憲法は現在でも有効であるという論理的帰結に至るのである。

このことは清瀬一郎・元衆議院議員（後の衆議院議長）が、昭和30年7月4日に参議院本会議で指摘したことがあった。しかし、清瀬議員の指摘があまりにも正論なので、宮澤俊義（東大法学部教授）などGHQにおもねって公職追放を免れた当時の憲法学者たちはろくに反論できずに黙殺し、今日に至っているのである。

②帝国憲法75条違反

占領憲法の起草が連合軍によってなされたことは、帝国憲法73条で定める〝憲法改正発議大権〟を侵害するもので無効である。すなわち、憲法改正の発議権は天皇に一身専属し、帝国議会ですら修正できないとするのが当時の憲法学の定説であり、内閣などの機関はもちろん、外国勢力の介在や関与を許容するものではないからである。

そもそも、占領憲法の発議は、昭和21年2月13日、マッカーサーが同月3日にGHQ民政局（GS）へ「マッカーサー三原則（マッカーサー・ノート）」に沿って作成を指示したことに基づいて完成した英文の「日本国憲法草案」（GHQ草案）を、GHQ民政局長ホイットニー准将とケーディス大佐から吉田茂外相と松本烝治国務大臣らに手交して、これに基づく帝国憲法の改正を強制したことに始まるのであって、天皇の発議とは全く無縁のものであった。この「大権の私議と簒奪」は、「統帥権の干犯」というような非難の程度を遙かに超えたものである。

つまり、改正大権が一身専属の天皇大権であるにもかかわらず、天皇が自発的かつ自律的に改正を発議せず、天皇と枢密院を差し置いて、GHQと占領下政府によって改正案が私議され、改正大権が簒奪されたことが明らかである。

帝国議会においては、衆議院で帝国憲法改正発議案を修正可決し、その後に貴族院でも衆議院の送付案をさらに修正可決し、それを回付された衆議院では、これを憲法改正特別委員会に付託せずに直ちに本会議で起立方式により修正回付案を採択して可決したのである。このような重大案件をこうした杜撰で強引な方法と手続で議決したことについては手続面での合法性を充たさないことはいうまでもないが、それ以上に、衆議院において二度、貴族院において一度、それぞれ修正決議した点は、発議大権の侵害となって無効である。

ちなみに、帝国議会には修正権はないという学説を主張していた佐々木惣一（京大法学部教授）と宮澤俊義は、共に貴族院議員でありながら貴族院での修正に何ら反対しなかった典型的な変節学者である。この変節学者らの唱えてきた学説を受け入れて、帝国議会には発議案に対する修正権がないのが定説であるとしてこれに反対し、修正を加えることは法的連続性を欠くと衆議院本会議で明確に主張したのは、皮肉にも衆議院議員の野坂参三（共産党）だけであった。

③ヘーグ陸戦法規違反

オランダのヘーグで我が国及び連合国が締結していた「陸戦ノ法規慣例ニ関スル条約（ヘーグ條約）」（A.D．１９０７）の条約附属書「陸戦ノ法規慣例ニ関スル規則」43条（占領地の法律の尊重）によれば、「国ノ権力カ事実上占領者ノ手ニ移リタル上ハ、占領者ハ、絶対的ノ支障ナキ限、占領地ノ現行法律ヲ尊重シテ、成ルヘク公共ノ秩序及生活ヲ回復確保スル為施シ得ヘキ一切ノ手段ヲ尽スヘシ。」と規定されていた。

そして、ポツダム宣言は、「民主主義的傾向の復活強化に対する一切の障礙を除去すべし。」（第10項）との表現をもって、改革すべきは帝国憲法自体ではなく、その運用面における支障の除去にあったことを強く指摘していたものであって、帝国憲法を改正しなければならないような「絶対的ノ支障」などは全くなかった。

つまり、これまで我が国の根本規範及び最高規範として通用してきた帝国憲法には種々の人権条項があり、連合軍の占領政策を実施するにあたって、その運用を十全にすることによって充分であって、そのことについて「絶対的ノ支障」があるはずがなかったということである。ましてや、明治典範を含む正統典範に至っては、そもそも何ら「支障」と考えられる点すらなかったのである。

（つづく）

直心伝―ある武道精神と日本人　第四回

直心影流の剣客・今井信郎

『宗教問題』編集長　小川寛大

講武所の発案者・男谷精一郎

直心影流の剣客・今井信郎は天保12年（１８４１）10月2日、幕府御家人たる今井家の長男として、江戸に生まれた。今井家の祖はもともと三河から徳川家に付き従った生粋の旗本だったそうだが、信郎の祖父の代に分家して、彼が属した今井家は下級の御家人だったという。ただ、家格は低かったが信郎の父・今井守胤は現在の東京都練馬区あたりの豪農の家から今井家に入り婿した人物で、経済的には余裕があったらしい。

御家人、すなわち徳川家直属家臣の家に生まれた者の習いとして、今井信郎は湯島の聖堂、つまりは徳川幕府の官学たる朱子学を講じる学問所に通い、なかなかの才能を示したというが、嘉永6年（１８５３）にいわゆるペリーの来航があり、尊皇攘夷論などが叫ばれて世間がやかましくなると、憤然と武に志して講武所に入った。講武所というのは安政3年（１８５６）、江戸・築地に創設された、幕府による武芸の訓練所であった。

二百数十年間も続いた、いわゆる徳川泰平の世は、世間に柔弱の気風を生じさせたところが確実にあり、幕末にもなると多くの旗本や御家人らは、戦闘技術に長けた武人と呼ぶより、むしろそろばんの技術などを喜ぶ幕府の事務官僚であった。ペリー来航を見て慌てて攘夷と言ってみても、実際のところ屈強な武道家など幕府にはあまりおらず、それで旗本や御家人の子弟たちを鍛えるべく立ち上げられたのが、講武所だった。講武所では剣術や柔術、弓術など、さまざまな日本古

来の武道を講じていたが、次第に西洋軍事技術の研究、教授をメインに行う機関になっていき、日本武道はその中心から外れていく。ただし、今井がその門をくぐった初期の講武所は、間違いなく当時の一流の武術家たちが集まる、日本武道の総合大学といったおもむきがあった。

今井はその講武所にて、剣術に限らず柔術や弓術、馬術、創術、水練など、およそ武術に相当するものは20〜30ほども学んだというが、特に師事した剣客が、直心影流の榊原鍵吉であった。この榊原の師匠が、幕臣にして剣客の男谷精一郎という人物で、そもそも講武所とは、この男谷の発案によって作られた施設である。

幕末の江戸には、よく時代小説などでも言及される「江戸三大道場」という、いわばブランド的な3つの剣術道場があった。すなわち、北辰一刀流・千葉周作の玄武館、神道無念流・斎藤弥九郎の練兵館、鏡新明智流・桃井春蔵の士学館である。しかしながら、直心影流の男谷道場はそれとは別格の存在感を見せていたとも言われるような場所で、実際に男谷には「幕末の剣聖」といった称まである。

男谷は小柄な人物で、また性格は実に温和で、柔和な表情を崩さないことを常としていた。時に腕自慢の道場破りなどが現れると、師範の身でありながら自ら竹刀をとって立ち合った。男谷の実力は極めて高かったのだが、対戦相手を一方的にたたきつぶすようなことはほとんどせず、むしろ相手のいいところを引き出すかのように、優しく導くような立ち合いをもっぱらとした。三本勝負であれば一本は必ず相手に譲るようなこともし、むしろ実力の低い者は、男谷と立ち合って「あれは大した武芸者ではない」などといった放言をすることとすらあったという。しかし、多くの江戸の剣客たちはこうした男谷の底知れぬ強さと器の大きさを知っており、そんな放言の主を、恥を知らぬ者として憐れんだ。

まさに男谷は幕末の江戸にあって、いわば剣術家の代表者のように遇せられていた人物で、かつ生家は旗本でもあったから、幕府に対しても少なからぬ影響力があった。そんな男谷の発案によって作られたのが講武所という施設なのであって、そこに男谷が剣術教授として送り込んだ人物が、自身の弟子・榊原鍵吉で、その榊原に師事したのが、今井信郎という男だった。

榊原鍵吉に師事した今井信郎

榊原は今井と同じく、貧乏な御家人の家に生まれた。13歳で直心影流・男谷道場に入門。剣の才はまさに抜群で、男谷も大変目をかけたが、そんな榊原はいつまでも、男谷道場の下位の門人の地位に甘んじていた。切紙や目録、また免許皆伝など、当時の剣術道場で地位を認められるためには、道場へ礼金を払うほか、周囲に対してもその出世披露の宴を開いて、酒食などを振舞わねばならないしきたりがあった。榊原はその貧しさゆえ、道場内で進級していくことが難しかったのだ。あるときその事情に気付いた男谷は、「金銭の心配は一切不要」と言って、榊原に直心影流の免許皆伝を与えた。

しかし剣術家としての榊原は、師・男谷とはかなり風貌の異なる人物だった。榊原は、見た目からしてかなり筋骨隆々の人物だったそうで、その腕はまるで丸太のように太かったらしい。長さ6尺（180センチメートル）、重さ3貫（11キログラム）ほどもある鍛錬棒を延々と振り回す、独特のトレーニングを愛したことでも知られていた。男谷のもとから独立して、榊原が自身の剣術道場を構えた際には、その気風は「薪割剣法」などと称された。つまり大上段に竹刀を振りかぶり、最大限の力で相手の面に振り下ろす豪快な攻撃を無上のものとする価値観を、榊原は尊んだ。そこには、こざかしい駆け引き、フェイントのようなものは一切ない。その愚直に鍛え抜いた心身の力を最大込めて、どこまでもまっすぐな剣を振るっていくこと。榊原の思い描いた理想の剣とは、そういうものだった。そうして「薪割剣法」と周囲から呼ばれた道場には、まさに脳天にそういう大上段の剣を食らって昏倒している門弟が多々いるなかで、またほかの門弟たちが大きな気合を込めて大上段の剣をぶつけ合っているという、実に剛毅な光景が展開されていたのだそうだ。

今井がほれ込んだ師、榊原とはそういう剣客で、榊原もまた、今井という弟子を愛した。榊原は今井の確かな剣術の腕を見抜いてよく引き上げ、自身に師事してからわずか3年で免許を与えている。今井は身長が

5尺7〜8寸というから、だいたい180センチメートルほどあって、これは幕末当時の日本人としては相当な大柄だった。その巨躯はまさに榊原の薪割剣法と、よく調和したものらしい。今井の次男だった信夫が後年に述懐したところによると、江戸の侠客・新門辰五郎があるときに浅草寺へ額を奉納したことがあったのだが、そこに榊原道場関係者の名が連署されていて、それによると今井信郎の名は門下第2位の位置にあったそうだ。

ただし、これは正直に述べることなのだが、筆者が直心影流の門人として現代において稽古を重ねてきたなかで、今井の名が現在の流派のなかで特に大きく扱われているかといえば、必ずしもそんなことはない。榊原道場門下第2位の位置にいたなどといった話も、決して広くは伝わっていない。それはなぜなのかといったことについては、さまざまな解釈もあろうが、まず第一に言えるのは、今井自身がそのようなことを生涯にわたって、大して喧伝しなかったからだろう。実際、若き日に今井信郎がどこで何をしていたのかということについて、彼自身の肉声めいたものはほとんど残っていない。今井の前半生のほとんどは、彼の周囲にいた人々の述懐や記録などから、まるでパズルのように組み上げた結果、おぼろげながら伝わってくるものとしか言いようがなく、今井という人物はまさに、自己宣伝のようなものとは最も縁遠い人間だったのだろう。

すでに述べたように、今井の父は入り婿で、その祖父もまた外からの婿だったそうだ。今井信郎はいわば男系の嫡子として、その誕生を非常に周囲に喜ばれたらしく、彼自身もまた、今井家の興隆という使命を固く自身に課していたようだ。前号で述べたごとく、武士とは自分と自分の家系とを儒教的な価値観のもとに有機的に一体化させ、まさに没我の精神を練り上げて生きていた存在だった。今井は若き日、すなわち幕府の御家人として生きていた日々を、己を誇り高く消して送っていた。彼の足跡を見る限り、まさにそうとしか思えない生きざまが、そこからは浮かび上がる。

さて、そんな榊原門下としての今井を強烈に記録している、ある逸話がある。それが今井の禁じ手、「片手撃ち」という必殺技である。詳細を次号にて解説したい。

石原莞爾とその時代④
石原莞爾と大川周明

哲学者　山崎行太郎

大川周明に『二人の法華経行者ー石原莞爾将軍と北一輝君』という論文というかエッセイがある。最近、友人に教えられて知ったばかりだが、しかし、私は、この論文の題名を聞いただけで、大変興味を持った。大川周明は、石原莞爾や北一輝とは親しくしていたが、一時、疎遠になったと書いているらしい。そしてその疎遠になった理由として、自分が彼等の思想というか信仰というか、その思想の核心にあるものが、よく理解できなかったからだと書いているらしい。これは重大な証言である。つまり右翼思想とか保守思想とか民族派思想とかいっても、その思想的核心にある《実存的思想体験》と言うものが、それぞれ微妙に違うということだろう。たとえば、『二・二六事件』において、同じ法華経信者であったにも関わらず、石原莞爾と北一輝とは、まったく立場を異にしている。北一輝が、いわゆる二・二六事件において決起した青年将校たちとともに、首謀者の一人として、死刑（銃殺）になったことはよく知られているが、その時、石原莞爾は、どうしていたのか。実は、軍人としての石原莞爾は、鎮圧する側にいたのである。要するに、北一輝と石原莞爾は、同じく「法華経行者」でありながら、二・二六事件においては敵対していたのである。しかし、大川周明は、北一輝と石原莞爾を同じ《法華経行者》として捉えている。二・二六事件に賛同したか反対したかという《主義》の問題よりも、《信仰》を重視しているのだ。大川周明は、《思想》や《主義》よりも、《信仰》を重視しているのだ。しかも、大川周明は、北一輝や石原莞爾の、その法華経という《信仰》の実存的意味を、若い頃の自分は、充分に理解出来てなかったというわけであろう。

私が、北一輝に興味を持ったのは、今回がはじめてで、私は、大川周明の文章を通してはじめて本格的に興味を持った。大川周明のいう《法華経行者》という言葉に、ピーンとくるものがあった。私は、石原莞爾と宮澤賢治が、共に日蓮宗、法華経の熱狂的な信者だったということについては、以前にも書いたが、北一輝までがそうだったとは知らなかった。私は、石原莞爾の本質は、日蓮宗や法華経の信仰にあると思っているが、北一輝までそうだったとは、驚きであり、まったく知らないことだった。宮澤賢治、石原莞爾、北一輝、と来ると、まだまだ《法華経行者》が出てきそうだが、これは、言い換えると、戦前の右翼思想というものの根底に、日蓮宗、法華経の《実存的信仰》というものが広く深く浸透していたのだということかもしれない。大川周明はイデオロギーとしての宗教や信仰を否定し、《実存的思想体験》としての宗教や信仰を語っている。まさしく石原莞爾や北一輝の宗教体験は、イデオロギー的なものではなく、実存的なものだったと見ていい。私は、丸山眞男や橋川文三、そして片山杜秀と続く戦後民主主義的な《右翼思想研究》に批判的であり否定的だが、その理由は、この《実存的宗教体験》を、彼等が理解出来ていないからだ。この《実存的宗教体験》を、単なる《非合理主義》として切り捨てているからだ。私は《非合理主義》もダメだが《合理主義》もダメだと思っている。私は、『小林秀雄とベルグソン』という処女作で、《過激な合理主義者》という概念を提起したが、それは、合理主義と非合理主義があるのではなく、合理主義を徹底化すれば、非合理主義に到達するというものであったが、日本の右翼思想というものも、そういう観点から見るべきだろう、と思うのだ。その《過激な合理主義者》の具体的例が、宮澤賢治であり、石原莞爾であり、北一輝であると言うべきだろう。

さて、大川周明の本（『敗戦後—大川周明戦後文集』）が、友人から送られて来たので、これから、大川周明の文章を読みながら書いていく。

大川周明の文章を本格的に読むのははじめてだが、私の好みにあっているらしく、スラスラと読めて、なおかつ私の脳細胞を刺激し、思考を活性化させてくれる。『二人の法華経行者』という文章は、追悼文という形の文章で、法華経という宗教問題が、前面に出てくる。大川周明は、石原莞爾と北一輝は、《法華経》の信者だったと強調している。たとえば、石原莞爾との晩年の交流（交遊）を描いている場面に、こういうくだりがある。

《私は石原将軍に別れを告げる時に、「やがて私も参りますから、極楽浄土の池の中で将軍が座って居る蓮の葉の近くに、私のために一葉を取って置いて下さい」と頼んだ。将軍は言下に「承知しました」と答え、更に私が同伴した二人の従兄弟を顧みて、「女道楽でも酒道楽でも、したい放題のことをしなさい。何んなことをやっても、屹度私が君たちをも極楽浄土に招いて上げます」と言った》（『二人の法華経行者』）

私は、ここで石原莞爾が言った言葉にも感動するが、それを、何年も経ってから、スラスラと書き留める大川周明にも感動する。この人たちは、《わかっているな》、と感じる。さらに、こういう文章もある。

《この世界最終戦が、いづれの国家又は国家群同士の対立抗争によって惹起されるかについては、将軍の意見に変化があったけれど、その必ず戦われるであろうという根本信念は、死に至るまで牢乎として固かった。それは将軍が、日蓮聖人の「前代未曾有の大闘諍、一閻浮堤におこるべし」という予言を堅く信じ、その時には悲惨に呻吟する人類を救うために、本化上行菩薩が必ず「賢王」の姿をとりてこの世に現れ、その賢王の唱題に和して、日月所照の四天下一切の衆生が、大音声を放ちて南無妙法蓮華経と唱える日の決して遠からぬことことを信じたからである》（同上）

大川周明が法華経の信者だったかどうかは、私はまだ知らないが、さらに、こう書いている。

《かようにして石原将軍は、最も真摯熱烈な日蓮教信者として、一天四海皆帰妙法の時代が、恐らく現世紀の終らぬ前に実現されるだろうと信じ、大なる安心を以て長逝したのである》

大川周明の石原莞爾臨終記はここで終わり、次に、二・二六事件に連座して処刑・銃殺された北一輝の銃殺直前の様子が記されている。

《さて北君が刑死を覚悟してからの獄中生活、並びに処刑前後の態度は、泰然自若の一語に尽きる見事なもにであるが、かような安心が法華経の信仰によって

得られたものであることは……》(同上)

さて、言うまでもなく、私は、宗教の話をしたいわけではない。法華経という宗教体験を通して、軍人や政治家や思想家等の《実存的思想体験》について語りたいのである。大川周明も、そのことがわかっていたようである。

大川周明の『二人の法華経行者ー石原莞爾将軍と北一輝君』という論文が収録されている『敗戦後』という著作の冒頭に次のような文章がある。大川周明もそんなことを考えていたのかと思うと感慨深い。僣越ながら、私が、日頃から、《イデオロギーから存在論へ》と繰り返し言っていることとも、近からずといえども遠からず、だと言っていい。さすがに、戦前の右翼も左翼もレベルが高いと言わなければなるまい。

《世間は私を右翼と呼ぶ。時には右翼の巨頭などとも呼ぶ。右翼とは左翼に対しての言葉である。左翼とは何か。それは共産主義又は社会主義のことである。共産主義と最も極端に対立するものは何か。それは資本主義である。果して然らば資本主義又は財閥こそ、まさしく右翼と呼ばるべきではないか。私は年少のころ社会主義に傾倒したことはあるが、未だ曾て資本主義や財閥を謳歌した覚えはない。従って私を右翼と呼ぶことは正当ではない》(天照開闢の道)

大川周明はサラリと書いているが、ここには、思想や哲学の重要な根本問題が書かれている。続けて、大川周明は、《主義》や《主義者》について、次のように書いている。

《私は反共産主義者でもなく反資本主義者でもない。強いて云えば非資本主義者であり、非共産主義者であり、一層適切に云えば非主義者である。私は一切の『主義』なるものを奉じない。凡そ如何なる思想でも、主義としてこれを固執すれば、必ず世に害毒を流すようになる。主義とは人間の生活内容を統一するに適当なる立場のことである。人生は不断に流動して息むことを知らない》(同上)

私は、《右翼》とか《右翼の巨頭》と言われた大川周明が、こういうことを戦前、あるいは戦時中から考えていたとすれば、やはり《右翼の巨頭》と呼ばれるにふさわしい思想家、政治家、政治活動家だったのも、当然だろうと思う。

国家社会主義者宣言⑥

搾取なき社会と私有財産制と公有化論

奈良県御所市議会議員　杉本延博

日本民族古典共同精神とは

石川準十郎が『日本社会主義』誌上で著した小論「君民一如の搾取無き国家に就いて」（昭和7年）から「搾取なき国家」論について考えてみたい。

この小論では、日本国家社会主義全国協議会の「綱領」を通じて、国家社会主義の基本的思想が考察されている。一番重要な精神としたのが「我等は建国の本義に基き君民一如搾取無き国家の建設を期す」。そして「日本民族古典共同精神」が現れた国家社会主義社会の建設を目指していくことであった。

「日本民族古典共同精神」の現れとは何か？　それは、原初から高天原の世界、そして神武天皇建国の理想へと連なる「記紀」に記された精神、思想、理想のことである。

文中では、一例として『古事記』の神代記「天の岩屋戸」が引用されている。

「天の岩屋戸」から、現代に教えるものとは何か？　岩屋戸に、お隠れになられた天照大神に、お出ましいただくため「八百万の神、天の安の河原に神集いて」皆々で協議したことから、日本的協議（日本的民主主義ともいえようか）のあり方が示されている。

協議に参加した八百万の神について「当時の庶民の謂いに外ならない。庶民―八百万の神」と述べ、庶民の事を「神」と定義している。

神武天皇の建国の詔で仰せられているように、歴史的に、国民のことは「大《おお》御《み》宝《たから》」といわれてきた。一人一人に備わる特性、能力等が社会発展にとって必要である。皆々で協議して、適材適所に活かされていくことで「天土と共に安かれ　天土とともに栄よ」の世が実現されていく。全国民の存在、能力、特性等が「大御宝」として尊重された現れである。まさに「庶民―八百万の神」と「大御宝」の観点は共通していよう。

我が国の民族古典精神は、国史の流れと共に活かされてきたことはいうまでもない。大化改新然り、明治維新然り、昭和維新然り。

天皇と国民が一つとなって、民族的古典精神を活かしながら、民族共同体の発展と繁栄に寄与していくことを理想とした国家社会主義思想が基本軸となっていたのであった。

「搾取なき社会」とは

続けて「君民一如の搾取無き国家に就いて」から。

当時の社会制度上（資本主義制度）、大きな阻害要因として考えられたのが「搾取」であった。

「搾取なき社会」は社会主義の社会より他に有り得ず、「搾取なき国家」は社会主義の国家より外に有り得ない。

搾取とは、他人の働いた（必要労働時間以上）成果を無償で取得すること。搾取理論は、アリストテレスに始まり、ロック、マルクス等多くの思想家が著してきた。搾取といえば、真っ先にマルクスの名が出てくるであろう。

この時期の国家社会主義者は、経済の国家化および国有国営化（公有公営化）と集中的計画経済を訴えていた。これらの思想、政策のなかで、マルクス主義的社会主義論と共通する部分もあり、思想的な誤解を招くところもあった。

当時の愛国団体は、資本主義や搾取を否定していたが、社会主義にはアレルギーを感じていたようだ。国家社会主義を唱えれば「共産主義の仮面を被ったもの」と罵られていた。社会主義といえども、多くの思想的流れがあったが、どうしてもマルクス主義の色が強すぎたのであろう。こうした批判に対して、経済方面における国家主義を知らないからだと反論している（大化改新の公地公民制は社会主義政策と同じ。天皇社会主義があってもよいではないか）。

マルクス主義的な階級的視点からではなく日本民族的視点から考えてみても、できるだけ搾取はないほうがよい。しかし資本主義であるかぎり「搾取」は無くならない。歴史を通じて「搾取なき」社会とは、理想的な万国共通の社会像なのだが……。

もし天皇と国民が一体となって構成される民族共同体のなかで、多くのものの犠牲の上に少数のものが利益を享受していたとしたら……君民一体の民族共同体思想に反することになってしまう。この時期（昭和7年～）では、政党や財閥等が、昭和維新運動の打倒対象となっていた。つまり悪質な「搾取」を行う支配特権階級の存在は許されないということだ。

国家国民の見地よりする完全なる統制経済、計画経済を行施せんとすれば、必ずや原則として公有公営主義の上に立たねばならぬ。殊に階級搾取の廃止を期する場合に於いて絶対に然りである

資本主義制の基本は「私有財産制」である。私的所有のなかに、自由な処分、利用、売買の権利が認められている。こうした所有の自由の権利を認められるのが「自由経済」である。対して自由に一部制限がかかる統制・計画経済とは対極の位置にある。国家社会主義は、公有公営主義を原則としているが、国体の原理や公共の福祉に反しないかぎり自由は認められよう。しかし国民が犠牲となる私利私欲に基づいた搾取の自由を認めることはできない。君民一体の国体は全ての国民が所を得る社会であるべきなのだ。やはり搾取の廃絶には国家社会主義が必要ということか。現行制度（資本主義）のもと国家が産業経営に統制を加えることが私有私営の自由の制限となり、公有公営化の実現になるという。この時期（昭和初期）は世界大恐慌の影響もあり、資本主義の克服が問われていた。例えば米国のニューディール政策をみてもわかるよう国家が市場経済に介入して経済社会の統制や調整を行われた時代であった。（ファシズム、ナチ、ソ連等、1930年代は資本主義に変わる新制度構築が模索されたときでもあった）搾取をはじめ失業、恐慌、格差等の資本主義が生み出すデメリットを改善していく一つの策として生産財の公有化が主張されたのであった。（大化改新の公地公民制、明治維新の版籍奉還は奉還思想に基づいた公有制であった。現代維新を考えるうえで参考になる）

私有財産の公有化とは 1

次に、林癸未夫 の小論「国家社会主義と私有財産制度」（昭和7年）から私有財産制度と公有化について考えていきたい。

資本は言うまでもなく私有財産の全部ではなくして一部である。

私有財産は大きく分けて2種類ある。それは消費財と生産財に分類される。消費財とは、国民にとって生活上、必要となる財物のこと。生産財とは、新たな価値を増やすため活用される財物のことである。

また生産財のなかでも営利的生産財と非営利的生産財があるという。営利的生産財とは、営利目的の手段として活用される財物（資本）であり、工場や金融関係等があては

まる。非営利的生産財とは、営利をもとめない財物のことである。例えば生活の目的だけに農業を営んでいたとしよう。これは自身が食すためだけの農であり、営利性がないことから非営利的生産財となる。縷々みてきたように、全ての生産財の私有を禁ずるのではなく、営利的生産財（資本）の私有を認めないと主張するものであった（日本的国家社会主義の所有権は公有＝皇有が原則であるべき）。

すべての私有財産が公有化されてしまうと（例えば衣食住等の消費財まで私有を禁じられると）息苦しい社会となり、生活上の必要最低限の自由もなくなってしまう（かつてのソ連、東欧諸国でみられた完全な管理国家のように）。だから衣食住にかかる生活資材をはじめ各消費財にかんしては公有化せず私有を認めるとする。だが全ての私有を認めるとするのではなく、ある程度の制限は必要だという（時代状況もあろうが、現代社会では厳しい考えであろう）。では消費財の私有を認める線引きはどのようになるのか？各自の財産が現実的必要以上を超えないこと、その私有が公益に反しないこととしている。

また班田制の崩れから荘園が生まれてきた歴史過程を引き合いにだして、消費財の私有について「必要の程度」を基準とすべきだという。

国家社会主義は国家の有する富の全体を公平に全国民に分配することを目的とするものである。

ここで国家社会主義的分配論についてみてみよう。国民への富の分配を公平に行うことが目的だという。確かに、資本主義であろうと、社会主義であろうと、国家社会主義であろうと、富の分配をいかに行うかが大きなテーマである。

国家社会主義思想のもと、富の分配にかんして公平であるべきだが、均等と意味合いが違うという。人それぞれ、性別、年齢、職種、能力、特性等々、が違うことから、人によって差がでてくる。もし等しく分配すれば、不平不満がでてきて当然だ。例えば、8時間働いた人と5時間働いた人が同じ富の分配を受けたとしよう。どうなるか考えればわかることだ。公平の整合性が取れないような平等、均等の分配は良くない。働きや奉仕に費やした分、必要程度に応じた分配を受けることが公平なる分配なのだ。でないと怠慢心がでて生産力の向上を産み出せない。この点は、マルクスが唱えた「能力に応じて働き、必要に応じて受け取る」分配論と同じ内容だといえる。

（続く）

高山彦九郎伝 ❻

光格天皇と彦九郎

歴史学者　倉橋　昇

はじめに

　高山彦九郎を語る上で欠かせないのは、彼の勤皇心が如何に深く篤いものであったかである。それを示すエピソードは枚挙に遑《いとま》がないが、やはり次の歌を彦九郎が詠んだ際のエピソードに尽きるだろう。

　われをわれとしろしめすぞや皇の玉の御声のかかる嬉しさ

　この歌は現在も京都・三条大橋の袂に残る彦九郎像の側に歌碑となって添えられており、当時、光格天皇が彦九郎のことをお知りあそばされていたことを示している。本稿では光格天皇と高山彦九郎の関係について述べてみたい。

玉の御声

　上の歌は、光格天皇が彦九郎の名をご存知であったと公卿の芝山持豊と伏原宣条の二人から聞き、天にも昇るような心地で詠んだ歌であることはよく知られている。それは寛政三年三月十六日の彦九郎の日記に記されている。彦九郎が直接陛下にまみえたと誤解している人もいるようだが、当時、一介の郷士に過ぎない彦九郎に陛下への御目通りが許されることはない。だからこそ、この歌は尊いのである。陛下のお口から高山彦九郎の名が出されたという一事のみで、彦九郎はこの上ない喜びを感じ得たのである。

　ただ、一介の郷士に過ぎない彦九郎を如何にして陛下はお知りになったのであろうか。実は彦九郎、九回ほど御所に参入したことがある。とはいっても、節会その他の年中行事の拝観である。当時から御所は一般の民にも公開されていたらしい。ある時、彦九郎が朝儀拝観で御所に参入している時、光格天皇が彦九郎の姿を見て関心をお持ちになったということがあった。

　寛政三年三月一五日の彦九郎の日記に、「芝山持豊卿が謹んで語られることには、先月（二月七日）の唐鑑御会の御時に、天上の御沙汰があった。続いて予（持豊）も。清二位殿（清原氏、伏原宣条文）が申すには、『天子能く知食《しろしめ》して有ける也』という。若槻源三郎氏も聞いたことだという」とある。これは、光格天皇が伏原宣条《ふしはらのぶえだ》のご進講の際に彦九郎のことを宣条にお尋ねになったということである。伏原宣条は大蔵卿伏原宣通の子で、寛保三年明経博士となった人で、安永六年に正二位に進んでいる。寛政三年二月の陛下にご進講をした。

上記の歌は、翌十六日の日記に記されているのだが、詞書に「寛政三年三月十五日恐れみ畏れみ敬み謹みてよめる」とあり、十五日に詠まれたことがわかる。つまり、芝山持豊卿が彦九郎に語った「玉の御声」について詠まれたことになる。

だが実は、翌十六日の日記にも似たようなことが記されている。「今朝山科里安（御医）が使いを寄越して、今夜振る舞いたい言う。その後、里安自ら来てそう乞うので、夜になって酒を酌んだ。美酒に、肴も佳し。里安とその父泰安とも相識となる。泰安が言うには、上様も知食していらっしゃて、ある時、『高山彦九郎というものを知っているか』とお尋ねになったという。『名前はよく聞きますが、相識ではありませぬ』と申し上げたところ、『聖護院の人になって舞楽を拝見していた、佐々木備後守（聖護院宮諸太夫）と並んで拝見していた。気質は色々のものだ』などと詳しく知食していらっしゃったと語った」とある。

実際、彦九郎は天明三年正月、舞楽を拝見しており、そのことは彦九郎の日記にも記されている。彦九郎は二日続けて、陛下が彦九郎のことを「知食して」いると、陛下の御目通りがかなう者から直接聞いたことになる。

緑毛亀、現れる

彦九郎にとっては奇跡と呼べるこの三月十六日、もう一つ奇跡のようなことが起きた。神亀が現れたのである。

この日、彦九郎は知人の志水南涯の許を訪ね、緑色の毛の生えた緑毛亀（蓑亀）を目にした。志水南涯は篆刻家で、清水氏の出身だが、本姓が菅原氏であっ

光格天皇像

たので菅南涯を名乗ったともいう。南涯の師匠は、彦九郎とも親交深かった高芙蓉である。その南涯が、江州高島郡知内村の中川六左衛門という縁家が二、三日前に琵琶湖で得たという緑毛亀を送って寄越したと彦九郎に知らせてきた。南涯宅で彦九郎はその亀を目にした。それは、「甲長さ全尺二寸七分、横一寸九分」だったと日記に記されている。この亀と盃を共にすると小児疱瘡にならないというので、人が集まってきていた。

　三月二十日の彦九郎の日記には、この緑毛亀を公卿・岩倉具選らに見せたとある。二十三日の日記には、前日、これを妙法院の宮、閑院の宮、聖護院の宮がご覧になったと記されている。亀が宮様達の御目にかかったのが相当嬉しかったものと見え、二十三日の夜、彦九郎は南涯と酒を酌み交わしながら次の歌を詠んだ。

　君が代のさかゆくいろや緑なる亀の尾長き春ぞ嬉しき

文治之兆

　三月二十六日、彦九郎は若槻源三郎宅を訪ね、淵鑑類函《えんかんるいかん》の亀部を見て、毛亀のところを抜書きしたと日記に綴られている。淵鑑類函とは、清の康熙帝の勅撰により編纂された類書、つまり百科事典である。その抜書きは次の通りだ。

　亀有毛者文治之兆　緑毛黄甲皆祥瑞

つまり、緑毛亀は文治の兆しで吉兆であるという。この時、彦九郎は具選卿の屋敷に滞在していた。彦九郎からこの亀のことを聞いた具選卿は二十七日、仙洞御所に参内した際に後櫻町上皇（先帝）にこの亀のことを奏上し、叡覧に備えることになった。彦九郎は南涯のところへ赴き、このことを告げた。

翌二十八日、彦九郎は身を清め、礼服麻上下を着て先帝の寵姫新中納言の局に仕える岩田という老女の許を訪れ、「天子聖徳文治の故に神亀の出現」を申し上げて、

緑毛亀淵鑑類函曰　亀有毛者文治之兆
寛政三年辛亥春三月
　頓首頓首百拝百拝
　　　　正之　謹考

と書いたものを出した。同日、岩倉家から、急ぎ帰宅してきて仙洞御所へ亀を持参するようにと伝えてきた。外出していた彦九郎は急いで岩倉家へ戻り、申の刻に南涯に亀を持たせて共に麻上下礼服で御所へ向かった。御所の中の新中納言の局の御殿に着くと、岩田と侍女が亀を桶の中に入れて、ついに先帝による叡覧が叶った。その後、関白鷹司公の館に入り、関白と内府もこの亀を見た。

　その夜、岩倉家では祝いの宴が催され、大いに酔った彦九郎は次の歌を詠んだ。

　玉鉾の道の栄や万代に　亀も緑の色を見すらし

そして「悦び是れに如く事もあらじとて欽嬉し寝ねける」と綴って、眠りについた。

緑毛亀、天覧に浴す

　だが、彦九郎の夢のような日々はこれで終わりではない。三月三十日、新中納言の局から文が来て、急ぎ、禁中長橋の局へ「神亀」を持参するようにと言ってきた。彦九郎、また南涯の許へと走りこれを告げて、髪を修め、身を清め、麻上下を着て出かけた。禁裏の御台所御門を入り、長橋勾当内侍御内・常木千三の取次ぎにより、「神亀」は長橋局へと達した。これが帰ってきた時、常木は「珍らしく目出度物を差出さる、叡覧に備はり、御満悦に思召さる」と述べた。つまり、「神亀」は天覧に浴したのである。

　その夜、彦九郎は岩倉家で酔いながら、次の二首の歌を詠んだ。

　　　松間梅花の歌

松が枝の雪かと見ればこの頃の千里の外も匂ふ梅が枝

緑なる松の雪かと詠れば遠里野辺に匂ふ梅がえ

これを岩倉具選卿に見せたところ、後の歌がよろし

いということであったと日記に綴られている。ここではやはり「緑」が相応しい。それにしても、この二首の歌からは彦九郎の高揚した心が伝わってくるから不思議だ。

また、四月五日の彦九郎の日記には、次のような具選卿との歌のやり取りが記されている。

緑毛亀を見侍りて　　具選
鶴ならず亀も緑の毛衣を重ねて君に契る万代
緑毛亀者文治之兆と見侍りて　正之（彦九郎）
天が下ふみぞ広めむ君が代と亀も緑の長き毛ごろも

緑毛亀、仙洞御所の池に

さて、この緑毛亀はその後どうなったであろうか。寛政三年六月三十日の彦九郎日記に次のような記述がある。

晩に岩倉家へ寄りて三位具選卿へ申し七月五日緑毛亀を仙洞御所御池へ放ち奉らん事を謀る。三位卿諾せられける。

叡覧に浴した「神亀」は、仙洞御所の池に放され、そこに棲むこととなったのである。「神亀」としては申し分ない棲家を得たことになる。七月五日、彦九郎は仙洞御所の御台所御門から入り、新中納言の御局へ参った。そこでりさという女の取次により、源平糖一箱に歌を添えて御児の藤丸殿に奉った。そこに添えられた歌は次の通りだ。

緑毛黄甲亀有毛者文治之兆　　平正之
天が下ふみに治めむ君が代と亀も緑の長き毛衣
恐れみおそれみ敬み謹みよみて奉る
君が代は千代に八千代に万代を亀も緑の御池にぞ住む

この夜、仙洞御所から明朝辰の刻の半ばに参れと命が下った。翌六日の彦九郎日記には次のような記述がある。

仙洞御所御門を入り非蔵人口へ申し内々の所へ上りける。岩倉具選卿出でられ吉田対馬など対し辰の下刻斗に藤丸具集出でられて挟み細工など見られて後に緑毛亀慥に請取りぬとありて立たれ仙洞御所御池へ放ち玉ふ。

彦九郎、最後の旅へ

その月の十九日、彦九郎は最後の旅に出る。九州へ向かったのである。この旅の目的は明らかになっていないが、光格天皇が父君・閑院宮典仁親王に太上天皇の尊号を贈ろうとして幕府に拒否された事件、所謂「尊号一件」の問題を朝廷側の立場で解決しようと薩摩を説得することが目的だったのではないかと言われている。結局、彦九郎は久留米で自刃し、記録を一切残さなかったので、真相は分からない。

実は、彦九郎はこの旅にあの緑毛亀を共に連れて行った。と言っても、それは実物ではなく、摺物としてであった。出立の二日前、十七日の日記にはこう記されている。

山岡蔵人を尋ね岩倉家へ帰へるに南涯今日病気重しと其子林蔵来り告ぐ。明後日送り難しとて緑毛亀摺物五百枚を餞別とす。

この摺物は西国の志士に広く配布し、文治復興、つまり皇権復興の予言を広めることを目的としたものであり、これを彦九郎への餞別とした友・南涯の高い志を感じさせる。

結びに代えて

本稿を読んで、光格天皇と高山彦九郎の関係性が少しはお分かりいただけたと思う。二人の間には大きな身分の違いがあり直接の面識はなかったが、陛下は間違いなく彦九郎のことを意識あそばされ、そして彦九郎はそれに感激した。二人は公卿達を介して細やかに繋がっていたのではないか。二日続けて「玉の御声」がかかったのと「緑毛亀」が現れたタイミングが一致することや、その亀が仙洞御所の池に放たれたその月に彦九郎が九州へ旅立って行ったのは、単なる偶然であろうか。そこには何かしらの意図があったのかもしれないし、なかったのかもしれない。

確かなことは、彦九郎が岩倉具選、芝山持豊、平松時章、伏原宣條、伏原宣光などの公卿たちと親しく交流していたということと、彼らは陛下の御目通りが叶う立場の者達であったということだけだが、後年の明治天皇の彦九郎に対する御心を知れば、点と点が線で繋がる思いがする。それはまた後で考察したい。

尊皇愛国の経営　第十六回

能登半島地震で真っ先に動いたのは自衛隊

㈱フローラ 会長　川瀬《かわせ》善業《よしなり》

私は、自衛隊と、防衛大学校と、防衛医科大学校に親しみがあり、守るべき存在だと思っています。

川瀬家の十四代目の父は、男ばかりの五人兄弟で、末弟の川瀬元教さんは、防衛大学校の二期生でした。

昭和四十八年から五十年以上、親しくして頂いている吉村福光《よしむらふくみつ》さんの奥さんは、埼玉県にある防衛医科大学校病院の看護婦長でした。

一水会の木村三浩さんに紹介してもらった、沖縄県の石垣市長の中山義隆さんは、石垣島に自衛隊を駐屯させてくれました。

その石垣島に、令和六年の一月十一日と十二日に行きました。

石垣島では、パイナップルを七ヘクタール（二万一千坪）栽培している「SUN石垣島ファーム」を見学し、経営者である當銘《とうめい》敏秀《としひで》さん（五十七歳）の話を聞きました。

當銘さんの高校の同級生に、元自衛官の人がいました。高校卒業後、自衛隊に入隊し、岐阜県と静岡県の自衛隊で働いていました。

五十五歳で自衛隊を定年退官した後、石垣島に戻り、現在は高校の同級生の當銘さんの農場の手伝いをしています。

今回の石垣島訪問では、その人の運転する車で移動させて頂きました。川瀬善業が十八年前に自分の山から落下した怪我の後遺症のために、移動が遅いので、大変助かりました。紙面を借りて感謝申し上げます。

さて、令和六年の元日に発生した能登半島地震で、逸早く被災地に出動したのは、自衛隊でした。発災後二十分で各基地からF―一五戦闘機が集結し、被災状況を報告しています。

医療チームもすぐに現地に飛び、怪我をされた人たちに対応しています。電子カルテを活用し、血液検査を行い、適切な治療を施しています。

各避難所にはそれぞれの事情がありますが、それぞれのニーズに合わせて自衛隊は食事を運んでくれました。例えば、ある避難所ではラジオ体操を必ず決まった時間に実施しており、その後に被災された人達が食事をするそうですが、自衛隊はその時間に合わせて、温かい食事を毎食運んでくれています。

被災地には警察や消防の関係者も各地から支援に来ていますが、彼らはホテルに宿泊しています。一方で自衛隊員は基本、テントで寝泊まりをしていて、頭が下がります。

平成十六年に発生した中越地震の際にも自衛隊は出動しましたが、この時は被災者の多くが夜露にぬれざるを得ない状況でした。自衛隊員も、ある隊員はトラックの下で、ほとんど夜露に濡れつつ寝ていました。

自衛隊員としては、最初にやりたいのは、被災者の人達へのお風呂の提供です。お風呂に入れば身体も心も温まります。

自衛隊員たちが登場すると、被災者全員が拍手で迎えます。それだけ自衛隊は信頼されているのです。

マスコミは自衛隊の活躍をほとんど伝える事はありません。もし伝える事があれば、被災者達の希望に繋がるのですが……。

能登半島地震だけでなく、豪雪被害の際にも自衛隊は出動し、大活躍しています。

令和六年の一月二十四日（水）には、豪雪により、名神高速道路の関ヶ原インターチェンジ付近で車が立ち往生し、大渋滞が発生しました。

岐阜県知事の要請により、陸上自衛隊員の約三百名が派遣され、雪かき作業を行っています。自衛隊の大活躍があって、その高速道路の渋滞はすぐに解消されています。

被災地支援は有難いが、自衛隊は本来の任務に戻るべき

今回の能登半島地震での自衛隊の出動を時系列で追うと、令和六年の一月一日（月）の午後四時十分の地震発生後の四時四十五分に、石川県知事からの要請があり、陸上自衛隊の第十師団長は同時刻に、その要請を受理し、出動を開始しています。

一月二日（火）の午前十時四十分には、陸自中部方面総監を長とする統合任務部隊（ＪＴＦ）が編成され、陸・海・空の各自衛隊から合計約一万人態勢で救援活動が行われました。

一月四日（木）の午前九時には、富山県知事から陸上自衛隊の第十師団長に災害派遣要請が出され、同時刻に受理されています。

以降、被災者のニーズにきめ細かく寄り添った生活支援活動が実施されています。

自衛隊の活動態勢は、陸上自衛隊が約四一〇〇人、航空機が二十機、海上自衛隊は約千人、艦艇は九隻、航空機は四機、航空自衛隊は約千人、航空機は十機が出動しました。

被災地の九か所に、五十四名の自衛隊の連絡員（ＬＯ）が派遣され、情報活動を実施しています。

令和六年の能登半島地震では、令和六年一月十九日までで、自衛隊が人命救助したのは九六〇人、衛生支援の診療数は約八二〇人、患者の輸送は約六六〇人となり、輸送支援の糧食は約一二三万食、飲料水は約九七万三〇〇〇本、毛布は約一万六六〇〇枚、燃料は約七万四〇〇〇リットルが輸送されました。

給食支援は約五万四六〇〇食、給水支援は約二三三〇トン、入浴支援は約五万四五〇〇人であり、被害を受けた道路のうち、国道二四九号線と、県道一号と、県道六号と、県道五二号と、県道五七号と、県道二六六号と、県道二八五号の一部区間を、自衛隊が復旧させています。

能登半島とその近辺には、航空自衛隊の輪島分屯基地と、陸上自衛隊の富山駐屯地と、金沢駐屯地があり、航空自衛隊の小松基地があります。

能登半島地震での自衛隊の主な活動をまとめると、捜索活動に関わる消防団との調整と、自衛隊員による、がれきの撤去作業があり、道路の啓開《けいかい》作業があり、

航空自衛隊ヘリによる、避難者の搬送作業があり、マイクロバスを使った避難者の搬送作業があり、孤立地域への救援物資の運搬があり、給水支援があり、入浴支援があります。

自衛隊が被災地に長く留まり、救援活動と、復興作業を行ってくれる事は評価しますが、自衛隊は国防が第一です。長居はタブーと言えます。

三か月間、一万人の自衛隊員が被災地に関わると防衛の練度が落ちるそうです。自衛隊は最初（ファースト・イン）に駆けつけます。一番被災者が大変な時に、大事な仕事をします。そして「ファースト・アウト」で、代わりの者に引き継げるようになれば、引き継ぎを行い、国防に戻る事を鉄則にしています。

国や自治体は災害の他、鳥インフルエンザ、コレラといった感染症の発生の際にも自衛隊を活用しようとしますが、自衛隊は「便利屋」ではありません。自衛隊には、自衛隊にしかできない事を頼んで欲しいです。

平成二十一年三月十一日の東日本大震災の発生翌日の三月十二日にも、自衛隊はすぐに活動を始めています。

平成二十八年四月十七日には、その前日に発生した熊本地震の被災地に、自衛隊は真っ先に駆けつけ、大活躍しています。

平成三十年九月六日の北海道胆振東部地震にも、すぐに自衛隊は駆け付けています。

しかし、平成七年の阪神淡路大震災の際、総理大臣だった村山富市氏が自衛隊への出動指示を大幅に遅らせて、被害はさらに大きくなってしまいました。

東日本大震災の際にも、当時の総理大臣の菅直人氏の対応が遅く、被害は大きくなりました。

自衛隊の活動は素晴らしく、感謝しつつ、今後も自衛隊を応援して行きたいと思っています

被災した愛国の日本航空高校石川校を愛国の日本航空高校山梨校が救う

令和六年の能登半島地震の被災地である輪島市には、日本航空高校石川校という私立の高校があります。この高校も、今回の地震で被害を受けました。

日本航空高校石川校は、山梨県にある日本航空高校山梨校の兄弟校で、二校とも愛国教育が素晴らしい高校です。

日本航空高校石川校は高校野球の強豪校であり、過去に四度（春二回と夏二回）甲子園に出場しています。

今回の地震では、日本航空高校石川校の校舎もグラウンドも、被害を受けましたが、山梨県の日本航空高校の山梨校が支援の手を差し伸べました。日本航空高校石川校の野球部は、山梨県にある廃校になった学校のグラウンドに拠点を移し、令和六年の一月十九日から練習を再開しました。

石川校の選手の食事と宿舎は、日本航空高校山梨校で提供されていました。兄弟校からの支援は有難いものです。日本航空高校石川校は、令和六年の春の選抜大会への出場が決定し、出場の際には、地震の被害にも負けない復興のシンボルとして、活躍しました。

日本航空高校山梨校と、日本航空高校石川校は共に、山梨県甲斐市に本拠がある、学校法人日本航空学園が運営しています。愛国者の梅澤重雄さんが創業し、経営しています。

航空会社の「日本航空」とは無関係で、山梨県と石川県の他に、北海道と東京都にも拠点があります。

愛国教育が行われている日本航空高校石川校は、愛国教育の「新教育者連盟」の月刊誌にも、㈱フローラと同じ所に広告を載せています。

日本航空高校石川校には、熱烈な愛国者の浅川正人先生がいます。

被災地復興の課題は多いが、全国民が協力し合う時

令和六年の一月二十二日（月）から、被災地の小中学校では授業が始まりました。

しかし、輪島市、珠洲市、能登町からは中学生の一部が金沢市、白山市へ一時避難をしていました。

また、水道の仮復旧は早い地域でも二月末で、珠洲市や七尾市では四月以降になっています。

テレビのニュースによれば、被災者の人達が「水が使えないので困っている」と言っていました。水は生活の基礎と言えます。水道の復旧は最優先で行わねばなりません。

断水は医療分野でも深刻な状況となっています。能登町の公立病院では、断水の影響により外来診療をほぼ休止していました。断水が長く続くと、地域の医療は成り立たなくなります。

珠洲市の蛸島《たこじま》漁港では、断水の影響で製氷の機械がストップし、水揚げ作業の再開の目途が立っていません。「魚を採っても氷がないと出荷できない」と地元の漁師は話していました。

能登半島沿岸海域は豊かな漁場であり、ズワイガニ、アカガレイなどの漁がこの時期、最盛期を迎えていました。

しかし、地震の影響で最大規模の地盤隆起が発生しています。

輪島市では海岸線が約二百四十メートルも沖側に前進しており、珠洲市の長橋漁港では海底が見える状態にまで地盤が隆起しています。四・四平方キロメートルが陸化しており、これでは漁船を出す事ができません。

令和六年の能登半島地震では津波が発生し、多くの漁港が被害を受けました。それに加えて断水と、地盤隆起による被害があり、被災地の漁業は深刻なダメージを被りました。

漁師には高齢者が多く、年金と漁業で細々と生活していた人もいました。船が出せないのであれば、廃業するしかありません。能登半島の漁業は危機を迎えています。

災害支援と、救援活動に、自衛隊は大活躍しています。しかし、先にも言った通り、自衛隊の本来の任務は国防です。

これからの復興作業は長く時間がかかるでしょう。被災者の人達が元の生活に戻るのは、もっと先になってしまうかもしれません。

でも、国や自治体を含め、国民が自衛隊に全部任せるのではなく、被災者支援を行わねばなりません。

日本航空高校石川校の様に、別の県でも助ける事ができます。私達㈱フローラも被災地を応援するべく、石川県の商品を買い上げて、㈱フローラのお客様に景品として、提供させて頂いています。

地震に負けるな！奥能登の「ゲンキー」の活躍と、日本航空高校石川校の活躍

さて、今回は最後に、「ゲンキー」の話をしたいと思います。

令和六年一月一日に発生した能登半島地震で、被災地は混乱に陥っていましたが、翌日の一月二日から、被災者の為に店を開いたのが、ドラッグストアチェーンの「ゲンキー」でした。

「ゲンキー」は本社が福井県の坂井市にあり、中部地方を中心に四一三店舗を展開するチェーンですが、被災地である奥能登には六店舗あります。

「ゲンキー」は、四一三の全店舗に㈱フローラのHB—一〇一を置いてくれています。

地震直後、「ゲンキー」の本社との連絡は途絶えたままでした。

しかし、被災した人達を助けるのが義務であると、現地の店舗の店長は判断し、一月二日の開店を独断で決定しています。

六店舗全てが一月二日に開店し、多くの被災者は救われました。電気もガスも水道も止まっている中、手探りで店を開店させた「ゲンキー」の店長と従業員はまさに、日本人の鏡と言えるでしょう。

日本航空高校石川校の野球部は、三月二十三日に行われた選抜高校野球大会に見事出場しました。惜しくも一回戦で茨城代表の常総学院に敗れましたが、被災地に住む人たちに勇気を与えるプレーを見せてくれました。

被災地である能登地方の状況は依然として厳しいのに、人々は災害に負ける事なく、常に前向きでいます。どの様な苦難に遭っても負けない、これが日本人の持つバイタリティです。

くにおもふうたびと 第六回

佐久良東雄 下

歌人 玉川可奈子

真の日本人

平泉澄先生の「真の日本人」（『伝統』原書房、『平泉澄博士続神道論抄』錦正社所収）は、東雄先生関係の論考の白眉です。引用、長くなりますが見てみませう。その中で先生は東雄先生を、

> いふまでもなく我等は日本人である。しかしながら我等は、単に日本人を父母として生れたるが故に、日本に国籍を有するが故に、日本語を話すが故に、それ故にこのまゝ真の日本人なりと速断してはならない。不幸にして欧米模倣の数十年は、我等の思想感情をして、いつのまにか欧米人のそれに接近し追随し同化せしむるに至つた。その徒らに欧米的なるものを払拭して、祖国の正しき伝統にたちかへつてこそ、始めて真の日本人と呼ぶ事が出来るであらう。いふところの意味は、欧米文化の全面的否定では決してない。たゞ日本精神を忘却して、思想的に世界放浪者となり、又は外国帰化人となるをなげいて、よろしく祖国にかへつて日本精神を取戻し、之によつて欧米文化を批判し駆使すべしとするのである。而してかくの如く再び祖国の伝統に結び付かうとする者にとつて、最もあざやかなる目標となる事、たとへば幽暗の大海に漂ふて方角を失つた水夫に於ける北辰の如きは、蓋し佐久良東雄先生であらう。

と最大級の評価されてゐます。まさに、先生は、私どもにとつて目標たる人物なのです。

東雄先生の長歌

先生は素直に、そして飾らないお歌を残し、その尊皇の思ひを表現されました。その三十一文字の言葉に、

私は胸を打たれるのです。

今回、東雄先生の最終話では、先生の長歌を見てみませう。私は、このお歌を先生の神髄だと考へてゐます。

示子歌

猫ならば　鼠《ねずみ》よく取り
犬ならば　よく垣守り
猫と云へば　猫のかがみ
犬といへば　犬のかがみと
成りてこそ　命は死ね
うつそみの　人とあれたる
わがともは　赤き心を
すめら辺に　きはめ尽くして
たぐひなき　いさをを立てて
天地の　よりあひのきはみ
あれつがむ　人のかがみと　成りて死ぬべし

（猫はよく鼠を取り、犬ならばよく家を守り、猫ならば猫の鑑、犬ならば犬の鑑となつてこそ、死ぬが良い。今を生きる人として生まれた私の共の者は、天皇に赤心を捧げ尽くして、類ない功績を挙げて、天地の果ての果てまで、生まれてくる後の人たちの鑑となつて死ぬべきである）

「子に示す歌」と題されたこのお歌、とても平易でわかりやすいものですが、内容は深刻です。究極的には、「楠木正成公のやうになりなさい」と言つてゐます。東雄先生にとつて、「人のかがみ」とは楠木正成公、つまり大楠公なのは前に触れたとほりです。なほ、蛇足ですが、この歌のモチーフは『万葉集』の巻第五に収められた山上憶良の「子等を思ひし歌」（八〇二番歌）にあることはかつて指摘したことがあります。

先生のお歌は、祖国の伝統、日本精神が如何なるものかを解いてあまりあるものがありませう。先生は『万葉集』を通じて皇国古来の精神を継承し、その精神を歌に詠み、体現されたのでした。

しかし、残念なのはかうした精神が今では捨てて顧みられないことです。

皇《きみ》がため　命死ぬべき　もののふと　成りてぞ生ける　しるしありける

東雄先生の怒りと悲しみを聞く心地がするお歌です。

在宅医療から見えてくるもの
西洋近代文明の陥穽とその超克⑰

因果のループ・逆転を利用する

医師　福山耕治

鶏が先か？　卵が先か？

一次救急の担当をしていると「血圧が高くて下がりません。」という主訴でパニックになった患者さんが救急外来を受診することがある。そういったケースは家庭で血圧を測定したところ普段では見られないような高い血圧が表示されパニックに陥っていることがほとんどだ。高血圧の表示を見てパニックになり更に血圧が上がってしまい再度測定するとまた高い血圧が表示され更にパニックに陥り救急外来を受診する。もちろん血圧が高く不安になっているだけでその他に身体症状はない。ベッドや待合で休んでもらったり場合によっては抗不安薬を内服してもらったりすれば不安も落ち着いて血圧も元に戻る。

血圧は一定のものではなく時々刻々と変動している。激しい運動をすれば血圧は上がる。痛みや寒冷刺激など身体的なストレスでも上がる。公衆の面前でスピーチをすれば精神的な緊張から上がるし夫婦喧嘩をすれば怒りの感情で上がる。逆に安静にしていれば下がるし身体的・精神的ストレスがなければ同じく下がる。適温の入浴で末梢血管が拡張すれば下がる。大抵の場合、睡眠中には血圧は下がっている。このように、様々な原因によって血圧は上がったり下がったりしている。

前述のパニックで血圧が上昇するケースでは、血圧が原因で（精神的ストレスを介して）結果として血圧が上昇するというループに陥っている（原因と結果がループしている）。つまり血圧が上がるから血圧が上がる状態だ。これとは逆に、高齢者医療では、血圧が下がって意識障害を起こしているのか？半睡眠状態で血圧が低くなっているのか？つまり、血圧低下は原因なのか？結果なのか？という問題にも遭遇する。原因と結果は常にはっきりしているわけではなく、ループ・逆転を起こしどちらが原因でどちらが結果かが分からなくなることも珍しくない。「鶏が先か？卵が先か？」という問題が起こる。

人生や人間関係の先生

在宅医療では患者さんや家族から学ぶことが多い。そう感じている。通常は患者さんからは「先生」と呼ばれる。確かに「医療」に関しては筆者が先生なのかもしれないが、筆者からすると患者さんの方が文字通り先に生まれていて「先生」であり、一人の人間としては大先輩である。ゆえに、「人生や人間関係」などについては患者さんが先生であると感じることが少なくない。

例えば、「どうやったら良い親子関係・夫婦関係を築けるのか？」その答えは家族から手厚い介護を受ける患者さんの言動を注意深く観察すると得られるだろう。また、幸せそうに暮らしている患者さんからは「どうやったら幸せに暮らせるのか？」を学ぶことができる。このように、在宅医療の患者さんを「良い家族関係を築くこと」「幸せに暮らすこと」の先生として捉えた時、ある共通した要素を見出すことができる。それは、「不足を言ったり考えたりしない、あらゆることに感謝する」ということだ。足かけ17年在宅医療を実践してきた中でこれは間違いないと確信している。

「朝早くからすみません。」「お忙しい中ありがとうございます。」「遠方にもかかわらず来ていただいて。」など、実際に訪問診療で患者さん宅を訪問すると、訪問するだけで患者さんや家族の方に感謝の言葉を掛けられることが多い。通院困難な患者さんなので訪問を喜んでもらえるということかも知れない。しかし、それにしてもそこまで言葉にしていただくと恐縮してしまう。こちらとしては訪問診療が仕事なので普通の業務をしているだけである。それでもこのように感謝していただけるのでこちらとしても有難い。ゆえに、ちょっとでも患者さんに対して悪いことはできなくなってしまう。

そして、患者さんを支える家族の方も患者さんと同様に不足を言ったり考えたりせず、あらゆることに感謝されているように見える。患者さんから「ありがとう。」を期待するのではなく、むしろ家族から患者さんに「介護させせてくれてありがとう。」という言葉をかけられることもある。更に患者さんご本人は「(自然から、社会から、家族から)生かされている。恵まれている。」ということを良く言われる。

祖母の言いつけ

子供の頃、両親が共働きだったので同居していた父方の祖母が放課後・休日の保護者であった。筆者はお世辞にも聞き分けの良い子供ではなかったので、悪戯《いたずら》もたくさんしたしお手伝いもさぼったり塾も仮病を使って休んだりした。祖母は筆者がいくら悪戯をしようともお手伝いをさぼろうとも仮病で塾を休もうとも怒ったり叱ったりすることはなかった。むしろ何かにつけ「耕ちゃんはすごいね。」と言って褒めてくれた。世に言う「褒めて伸ばす教育」だったのかも知れない。

そんな怒ったり叱ったりしない祖母が唯一筆者に言いつけたことは「ありがとうございました。」「いただきます。」「ごちそうさまでした。」と感謝の言葉を言うことだった。バスやタクシーに乗って降りるときには運転手さんに、お店で品物を買ったときは店員さんに、とにかく人に何かしてもらったらその人に、一言「ありがとうございました。」と伝える。家での食事でも飲食店でも「いただきます。」「ごちそうさまでした。」。何気ないことだが、三つ子の魂百までということで身についている。もちろん日本人としては当たり前の慣習であるが時折この慣習が身についていない人を見かけることもある。中にはクレーマーと呼ばれるような人もいて「自分はお金を払っているお客様なのだから礼など言う必要はない」という態度で店員さんに接している。

祖母は3年前に他界したが、今考えてみると「不足を言ったり考えたりしない、あらゆることに感謝する」人だった。つまり、在宅医療の現場で遭遇する「人生や人間関係の先生」と同じだった。灯台下暗し。考えてみれば、筆者が叱られたり怒られたりせずむしろ褒めてもらえたということはそういうことだ。確かに祖母は何事にも感謝し幸せそうに暮らしていた。そして、家族・親族だけでなく地域の人たちからも愛されていた。筆者は今、祖母に心から感謝していて幸せである。

感謝が先か？ 幸せが先か？

ここまでくると賢明なる読者の皆さんには筆者の言いたいことがもうお分かりだろう。それは、「ありがとう」という言葉は、相手への感謝の言葉であると同時に、現在自分が恵まれているという宣言・確認でもあり未来に向けての幸せにつながる。つまり、幸せだから感謝するというだけでなく、感謝するから幸せになるということだ。「ありがとう」は、幸せの結果としての感謝であり、その感謝がこれから先の幸せの原因となる。言わば、原因と結果がループ・逆転していく。感謝が先か？ 幸せが先か？ このループが続けば無限に幸せになっていくし、人間関係も良好になっていく。幸せに暮らす人は意識してかあるいは無意識のうちにこの因果のループ・逆転を利用しているのかも知れない。

古今東西のドラマ・映画・文学作品でも、泣いている人に「泣くと悲しくなるから。」と声を掛ける場面を見かけるがこれも同じように原因と結果のループ・逆転を指摘している。つまり、悲しいから泣くということと同時に泣くから悲しくなる、ということだ。同じく、楽しいから笑うということと同時に笑うから楽しくなる、と言える。

もちろん何にでも無条件に感謝できるわけではないし、個人や組織・社会の成長・発展あるいは研究・開発などでは不足マインドや批判も必要であることは言うまでもない。しかし、人間関係や幸せに暮らすことに関しては「不足を言ったり考えたりしない、あらゆることに感謝する」ことが重要だ。不平・不満・クレーム・責任の追求・訴訟など、これら不足マインドの過剰は西洋近代文明の陥穽といえる。クレーマーが不満を訴えること、それ自体が自ら幸せでないと宣言・確認する行為であり、例え店員さんを言い負かしたとしても負の感情がループして永遠に幸せになることはできない。

一冊にかけた思い
頼山陽著、木村岳雄訳・解説
『日本外史徳川氏正記』

幕末、志士の胸を熱くした大ベストセラー『日本外史』。その「徳川氏正記」部分が、木村岳雄さんによる現代語訳・解説で刊行された。木村岳雄さんに、本書にかける思いを聞いた。

日本語は漢文によってつくられた

——本書の「はじめに」で木村さんは、現代日本人が失いつつある漢文の滋味について書かれています。

木村　現代日本では、漢文の世界が遠くなってしまったと感じています。2ちゃんねる創設者のひろゆき氏が「古文・漢文はいらない」といったことが話題になりましたが、現代日本人にとって漢文の有用性がよくわからなくなってしまったということは言えると思い

ます。しかし、明治時代頃までは日本語の文章を書く上での一つの名文の「型」が漢文読み下しでした。実際いまでも時代劇の決め台詞などは漢文調です。漢文には独特のリズムがあり、そのリズム感が美文の指標とされたのです。そうした美文の指標を失って、現代の日本語は薄っぺらくなってしまいました。頼山陽『日本外史』は、日本人にもっとも読まれた漢文書籍のひとつではないかと考えています。

——木村さんが漢文に傾倒されるのはどういった経緯があったのですか。

木村　やはり漢文が好きだったということがありま

す。江戸時代の漢学者は綺羅星の如くおりますが、その人たちにおいても例えば『論語』ひとつとっても皆解釈が違う。真剣に考えて難しいことは、どんな方にとっても難しいのだと思いました。だからこそ興味が湧いたのです。

――研究者によっては頼山陽の漢文は日本的漢文だという人もいます。

木村　たしかに頼山陽の漢文には「和臭」があるなども言われますが、そんなに気にしていなかったのではないでしょうか。頼山陽の感情に迫る文章が多くの日本人をひきつけたことは疑いありません。頼山陽は歴史の背後にある「うねり」を見て取り、それを、人を奮い起こす言葉として表現する「叙事詩人」としての側面がありました。幕末から戦前にかけての日本人の精神史を見るうえで、『日本外史』を欠かすことはできません。当時の若者はみな『日本外史』を熟読、血肉化し、そのから得た活力で次の時代を切り開いていったのです。

歴史書であり文学書である『日本外史』

――『日本外史』を復刊するうえで留意した点は、どういったことでしょうか?

木村　現代語訳するにあたって、『日本外史』の躍動感、リズム感を損なうことがないよう意識しました。『日本外史』は軍記物に題材をとった胸を熱くする場面も出てきます。そうした迫力を損なわないよう心掛けました。あとは読者にも面白く読んでもらおうと、例えば薩摩の人が出てくる場面では鹿児島弁で書いたりもしました。

――現代歴史学的見地から見た解説もつけられています。

木村　頼山陽『日本外史』は現代歴史学から見ると誤りがある箇所も見られます。そうしたところには現代歴史学ではこうなっているという解説もつけました。頼山陽は史料も軍記物を中心として構成するなど、歴史として不完全な部分もあります。一般書として、現代日本の読者が『日本外史』に触れたときに嘘が多い本だと思われるのもよくないと思い、こうした解説をつけました。一方で『日本外史』を広めるにあたって時代のうねりを呼んだ一書として賛仰する叙述にはできず、興醒めする解説を付け加えていかざるを得なかった苦しみもありました。

逆に頼山陽の思想に踏み込めなかったことは心残りです。なぜ頼山陽は『日本外史』を松平定信に献上したのか。そこに新井白石以来の大政委任論を見ていたのかもしれませんが、朱子学的な大義名分論といかに折り合いをつけていったのか…。朱子学は幕府にとってみれば諸刃の剣で、結局幕府を滅ぼす理由を与えてしまった面があります。徳川四天王とよばれた人たちの藩もみな幕末には官軍に与しています。いったいこの人たちにとっての忠義とは何だったのだろうか？非常に思想的にデリケートな部分で、証拠はないですが、やはり考えることは必要だろうと思います。

『日本外史』に触れる意義

――本書を書いて改めて現代日本人がいま『日本外史』に触れる意義とは何でしょうか。

木村　『日本外史』は戦前までは広く読まれていました。戦後になって読む人はぐっと減ってしまいましたが、それでも良い本としてのニーズはあります。江戸時代の講談の英雄たちも取り上げられなくなりました。ねじ曲がった復讐ぐらいにしか考えられなくて、時代劇や大河ドラマでも取り上げられなくなってきました。かろうじて残ってきた忠臣蔵も、最近ではあまりやらなくなりました。日本人に漢文のリテラシーが下がってきて、良し悪しがわからなくなってきたように感じます。現代風に言えば漢文は「オワコン」扱いでほとんど顧みられなくなってきてしまいましたが、それにより、日本語を真面目に使おうとしない風潮が蔓延しました。横文字をやたら使いたがったり、あるいはスポーツでサムライ○○とか、ファッションとして安易に古めかしくしてみたりといった嘆かわしい状況です。

いまの日本人は、言葉に対して努力をしません。文章は思想の母体ですから、軽薄な言葉を使う風潮がカイカクだなどと空疎な言葉を叫ぶいまの思想状況とも重なっています。

――特に『日本外史』が読まれてきた理由はどこにあるのでしょうか。

木村　歴史を明快に、誰にもわかりやすく、独自の文体で書いたからではないでしょうか。かつてわが師（西部邁）は「histry は his story である」といいました。頼山陽の「story」が多くの人の心を打ったのだと思います。歴史には物語があり、それは読者を単に楽しませるだけでなく、一つの志、ベクトルがある。それが一番大事だと思います。単に事実が積み重なっていったというのではなく、誰かが必死になって自分の人生を心に抱く理想に向かって突き進んでいったという物語を感じることが重要ではないかと思います。もはや現代人にとってこうしたことも「ウザい」と言われがちですけれども、そういうのもあった方が良いのではないかと思います。

——本書はスマートフォンで書かれたと伺いました。

木村　私もかつてはキーボード入力をしておりましたが、体調を崩しスマートフォンで作成することとなりました。怪我の功名といいますか、スマートフォンで入力することで強制的にかな入力になり、文体が変わった気がします。ローマ字入力だとどうしても音で入力しますが、かな入力だと漢字からイメージして書ける気がしました。

漢文読み下しは日本人が発明した傑作で、独特の響きがあります。昔の人は本を朗読して読みましたが、声に出して読みたくなるような頼山陽の原文をじっくり味わっていただきたいと思います。

（聞き手・構成：小野耕資）

白戸健一郎『中野正剛の民権』（創元社、2970円）

中野正剛は、己の信念を実現するために、あえて孤立することも辞さなかった。本書では、そうした中野の「個人主義政治家」としての性質を、学理ではなく実践を重んじた陽明学になぞらえて「狂狷」の人として描いている。「狂狷」は『論語』の「子曰く、中行を得て之に与せざるときは、必ず狂狷か、狂者は進みて取り、狷者はなさざる所あり」に由来する。狂は既存の常識にとらわれず理想を追い求めること、狷は自己の考えを頑なに保持することを意味する。王陽明もまた、「狂」と周りから言われたことを逆手に取り、狂を肯定的にとらえなおして見せた。中野は西郷隆盛の「激派は国の宝なり」という言葉をしばしば引用した。中庸の人こそ望ましいが、それが得られなければあえて激しく発言する「狂」の人、深く潜伏して節義を守る「狷」の人であれと願う孔子の精神は、王陽明、岳父三宅雪嶺を通じて正剛に流れ込んでいる。

正剛は東京朝日新聞記者時代の大正四年（一九一五年）に欧米を歴訪している。当時の欧州は第一次世界大戦中であり、戦争に際し挙国一致の体制を築いた英国政治家を評価した。そしてアメリカにおいては排日移民法の前史たる排日土地法がカリフォルニア州で可決されており、それに対して正当に強く抗議しない日本側の姿勢を正剛は批判している。正剛は友人藤原茂の以下の言葉を引いている。「米国の地方人は或は人種的偏見、或は経済的私慾の為に、種々相次ぎて排日手段を講ずるに対し、米国の中央政府は殆ど之を黙認して、的確なる防止策を講ずるなし。然るに日本政府は之に対して毫も権威を以て条理を貫く能はず、屈譲に屈譲を重ねて殆んど底止する所を知らざらんとす」。この時の正剛は「日米は親交するに利ありて、反目するに得なし」と書くように、必ずしも激していているわけではない。だが、アメリカ社会に根強く残る人種差別は大いに問題だと考えていたし、日本人のすぐ相手に合わせて主張しないところも問題があると感じていた。そして大正十三年（一九二四年）の排日移民法を受けて「日露支の三国の親交」へと傾斜し、独特なポジションから政治発言をすることとなった。

正剛の、正論を堂々と発言するゆえに孤立し東條内閣下における自決に至る性格を丹念に描いている。（小野耕資）

『対米自立を貫いて：民族派・一水会の50年』（花伝社、５５００円）

昭和四十七年五月三十日の結成以来、対米自立の主張を五十年にわたって貫いてきたのが一水会である。

一水会は結成以来、ヤルタ・ポツダム体制の打破、日米安保条約克服を通じた自主独立日本を掲げ、月例勉強会、街頭演説会、政府・自民党への抗議活動、「対米自立、抗ソ救国、失地恢復」のデモや陳情書の提出、さらに道義的・思想的先哲の顕彰などに取り組んできた。発言媒体として、月刊「レコンキスタ」を毎月欠かさず発刊してきた。

本書の巻頭には、一水会の五つの基本理念が掲げられている。

一、グローバル帝国主義に反対し、民族と国益を守る！
一、祖国の歴史、伝統、文化、精神の護持と発揚！
一、戦後体制を否定し、対米自立による尊厳の恢復！
一、戦後民主主義の誤りを正し、国民共同体の創出！
一、自省ある社会運動の徹底と維新変革の達成！

評者は五月十七日に日本プレスセンターで開催された結成五十周年記念大会に参加した。まさに左右を超えた対米自立派の総結集という様相を呈していたが、これも同会の組織としての原則を体現したものだ。

「次の五十年に向けて」と題した巻頭言で、木村三浩代表は、「右翼各派での論争はもちろんだが、内部で凝り固まっていてはだめだ。たとえ左翼と言われる人たちとも積極的に意見交換しなくては」という故鈴木邦男初代代表の言葉を引いている。

一水会フォーラムは「平成の老壮会」を目指し、左右・保革の論客の激論・交歓の場として、平成十二年四月十四日に開講以来、今年三月十二日までに二百五十二回開催されてきた。

本書は鈴木氏、木村氏ら関係者の論稿・対談などを分野別に収録しており、対米自立論や国際的な運動をはじめとする一水会の主張と運動が理解しやすい。

また、資料編に載せられた一水会の歩み、定例勉強会・現代講座・フォーラムの開催記録、鈴木氏、木村氏の著作一覧及び出演映画は資料的な価値が高い。対米自立派必読の一冊だ。

（坪内隆彦）

昭和維新顕彰財団

大夢舘日誌

令和六年二月～令和六年三月

一般財団法人昭和維新顕彰財団は、神武建国から昭和維新に代表する「日本再建運動」に挺身した先人の思想と行動を顕彰・修養・実践を行うことを目的に設立されました。本財団は会員、有志の方々の支援により、岐阜護国神社内に「青年日本の歌」史料館を開館したことをはじめ、これまでに様々な活動を行っています。

「大夢舘日誌」は、事務局のある岐阜県の大夢舘から、財団の活動について報告していきます。この日誌によって、財団に対する一層の理解が頂けましたら幸いです。（日誌作成・愚艸）

二月一日

青年日本の歌史料館分室・忠節文庫に奈良県御所市議会議員・杉本延博氏が来館、政治家・中野正剛によって結党された東方会の機関紙「東大陸」を寄贈された。

戦前、戦中に活躍した政治家の中野正剛は頭山満や北一輝とも関係が深く、東方会機関紙の「東大陸」は昭和維新運動を研究する上で重要な文献である。

忠節文庫には史料館に展示しきれなかった史料・書籍が収蔵されている。研究や見学での利用については、大夢舘内の財団事務局（住所：岐阜県岐阜市真砂町1丁目20―1　電話番号：058―252―0110）まで。

三月二日

岐阜護国神社内にある「大夢の丘」の清掃奉仕を、事務局と有志で実施した。

三月九日

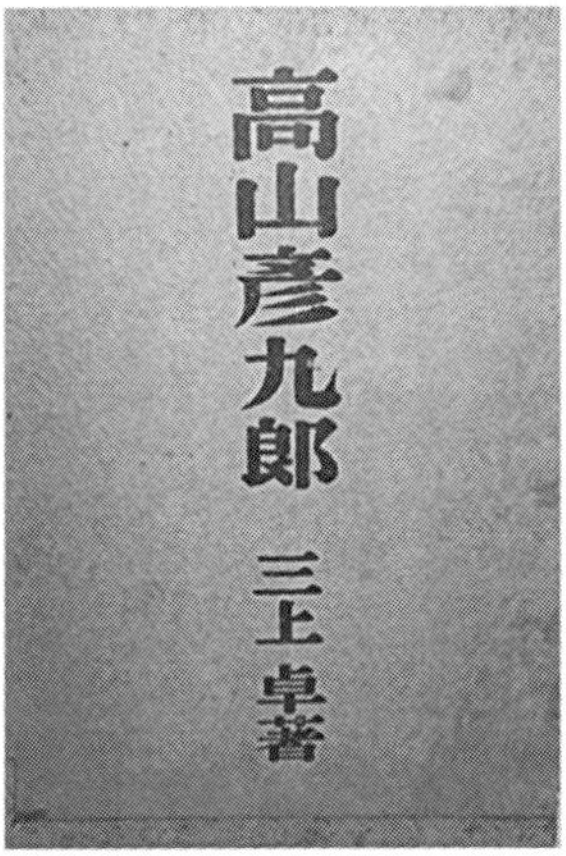

岐阜護国神社内の「青年日本の歌史料館」にて、三上卓著『高山彦九郎』（平凡社・昭和十五年）のケース内展示を行った。『高山彦九郎』は三上卓先生が著した唯一の書籍である。「青年日本の歌史料館」は昨年の五月十五日に開館。五・一五事件関連の史料展示だけでなく、頭山満や橘孝三郎、岐阜出身の思想家・小島玄之の史料展示も行っている。

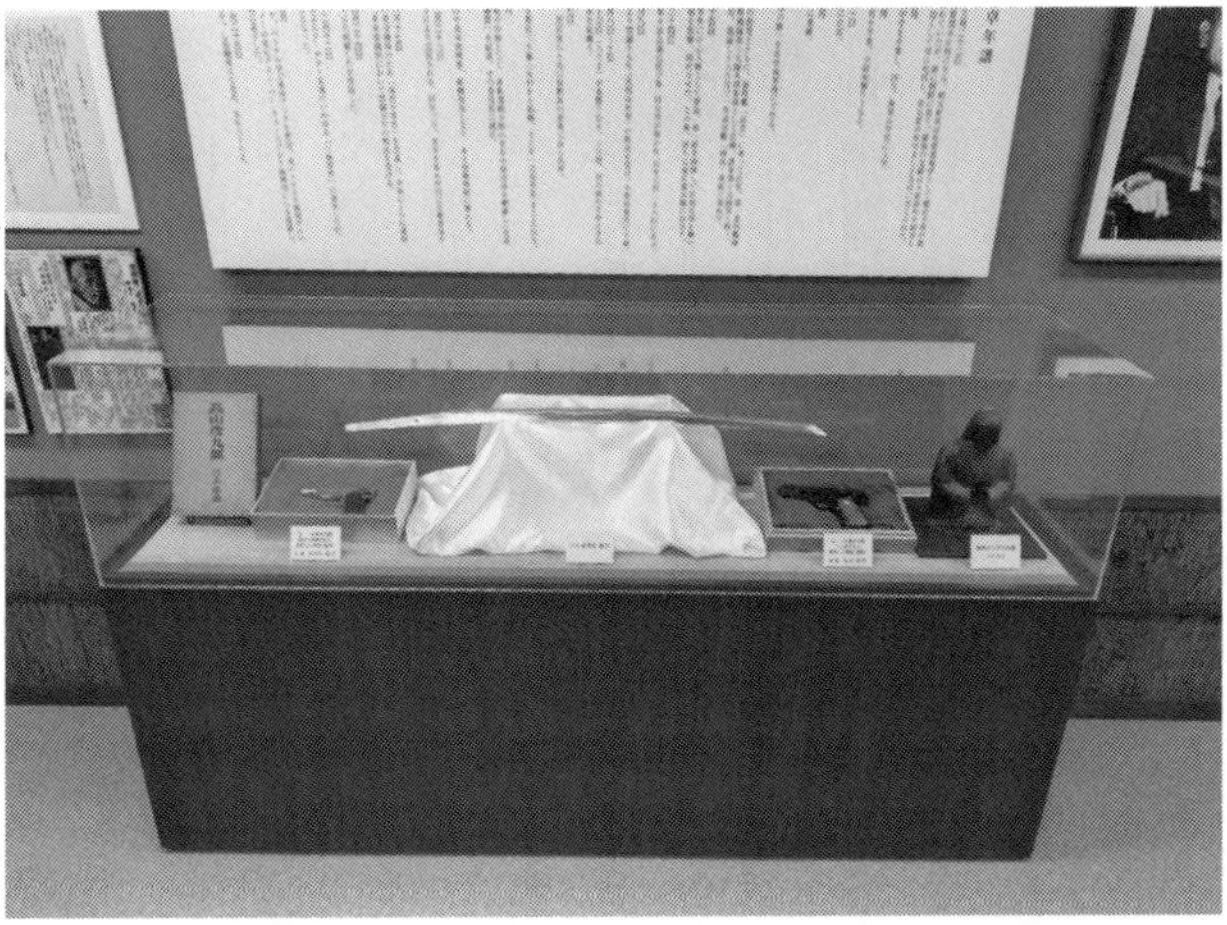

開館時間は午前9時〜午後16時30分。入館に際しては、岐阜護国神社社頭にて見学を申し出る必要がある。

問い合わせについては、大夢舘内の財団事務局（前掲）まで。

活動報告

・折本龍則発行人、坪内隆彦編集長、小野耕資副編集長も実行委員を務める**紀元節奉祝式典**が催行。記念講演は國學院大學兼任講師の中澤伸弘氏。（二月十一日）

皇統を守る国民連合の会で折本発行人が講演

・一般財団法人日本安全保障フォーラムシンポジウム『**わが国が真の意味で独立するには何が必要かーメディアの告白・懺悔が不可欠ー**』に坪内隆彦編集長がパネリストとして登壇。（二月二十五日）

・維新と興亜塾**柳田国男の民俗学ー農・神道・アジア**（講師：小野耕資）第六回（二月二十九日）、第七回（三月二十七日）、第八回（最終回・四月二十三日）

・皇統を守る国民連合の会で折本龍則発行人が「**道義国家への道ー維新と興亜にかけた先人たちの物語**」と題し講演。（三月二日）

・折本たつのり県政報告会。**金子宗徳編集委員**（亜細亜大学非常勤講師）による講演（三月九日）、**杉原誠四郎氏**（新しい歴史教科書をつくる会顧問）による講演。（五月三日）

・折本龍則発行人が「**反グローバリズム！岸田政権退陣！戦う日本国民総決起集会**」で登壇。（三月二十九日）

・折本龍則発行人が滋賀県高島市にある**絅斎書院**で斎行された例祭に参列。（四月十三日）

・**稲村公望客員編集委員**が『続々黒潮文明論』（彩流社）を出版。記念講演会を開催。（四月二十七日）

・五・一五事件顕彰祭である**第五十二回大夢祭**を催行。小野耕資副編集長が「**橘孝三郎『日本愛国革新本義』と五・一五事件**」と題し講話。（五月十五日）

※活動はyoutube「維新と興亜」チャンネルでも公開

読者の声

■第二十三号の、小川寛大氏による「儒教と武士道」は大変興味深い内容であった。儒教とは一般的に、単なる倫理道徳のように思われがちであるが、実際のところはそのような単純なものではないと著者は言う。こうした「儒教とはそもそも何か」といった本質論を、『維新と興亜』のような言論誌で展開する意味は大きいように思う。（本荘秀宏）

■3月号の篠原孝先生のインタビュー記事を読み、1970年に総予算に占める農林水産予算の割合が11・54％だったのが、2022年には1・83％と10分の1の割合に減ったことを知りました。

国民が餓死したとき財務省はどう責任をとるつもりなのでしょうか。農業、食料安保にもっと予算を注ぎ込むべきだという篠原先生の主張に大賛成です。

（中山健三、東京）

読者の皆様からの投稿をお待ちしています。二百字程度の原稿をお送りください。

編集後記

★アメリカで排日移民法が施行されてからちょうど百年。この問題を入口に、日米関係のあるべき姿を多角的に考察するため、日米関係、アメリカに関わる専門家・運動家の先生五人にご登場いただきました。

★深田萌絵先生と稲村公望先生の対談では、NTTが外資に乗っ取られる危険性に警鐘を鳴らしていただきました。現在、郵政民営化法を改正し、日本郵政に対する外資規制を盛り込むことが検討されています。ところが、これに外務省が反対していると伝えられています。アメリカに阿る外務省の姿勢は看過できません。

★今回から新連載が三本スタート。葛城奈海先生の「時代の歯車を自ら回せ！」、賀来宏和先生の「鎮守の森～社を問う」、木原功仁哉先生の「祖国再生への憲法論」です。ご期待ください。

★本誌と昭和維新顕彰財団による第二回「日本再建」懸賞論文の審査結果は、優秀賞が野本政樹さんと川嶋直さん、優良賞が田口仁さんに決定。次号に受賞論文を掲載いたします。

（T）

≪執筆者一覧（掲載順）≫

坪内隆彦　（本誌編集長）
折本龍則　（千葉県議会議員・崎門学研究会代表）
小野耕資　（本誌副編集長・大アジア研究会代表）
簑原俊洋　（神戸大学大学院法学研究科教授）
山中　泉　（一般社団法人ＩＦＡ代表理事）
木村三浩　（一水会代表）
渡辺惣樹　（日米近現代史研究家）
廣部　泉　（明治大学教授）
小川寛大　（『宗教問題』編集長）
深田萌絵　（ＩＴビジネスアナリスト）
稲村公望　（元日本郵便副会長）
梅田邦夫　（元駐ブラジル全権大使）
葛城奈海　（ジャーナリスト）
賀来宏和　（鎮守の杜・園芸文化研究家）
木原功仁哉　（祖国再生同盟代表・弁護士）
山崎行太郎　（哲学者）
杉本延博　（奈良県御所市議会議員）
倉橋　昇　（歴史学者）
川瀬善業　（株式会社フローラ会長）
玉川可奈子　（歌人）
福山耕治　（医師）

道義国家日本を再建する言論誌
維新と興亞　六月号
令和六年五月二十八日　発行
編　集　崎門学研究会　大アジア研究会
発行人　折本龍則（望楠書房代表）
〒279―0002
千葉県浦安市北栄一―一六―五―三〇二
TEL　047―352―1007（望楠書房）
Email　mail@ishintokoua.com
URL　https://ishintokoua.com
印　刷　中央精版印刷株式会社
※次号九月号は令和六年八月発行